# 知行
STEP INTO PRACTICE

 经济汉语系列教材
JINGJI HANYU XILIE JIAOCAI

总 主 编：翟宜疆

副总主编：段　沫

本册主编：潘倩菲

本册编者：潘倩菲

　　　　　段　沫

　　　　　翟宜疆

# 中国商务文化教程

ZHONGGUO SHANGWU
WENHUA JIAOCHENG

北京语言大学出版社
BEIJING LANGUAGE AND CULTURE
UNIVERSITY PRESS

©2025北京语言大学出版社，社图号24129

**图书在版编目（CIP）数据**

中国商务文化教程 / 翟宜疆总主编；潘倩菲主编；潘倩菲，段沫，翟宜疆编著． -- 北京：北京语言大学出版社，2025． 1． -- ISBN 978-7-5619-6614-3

Ⅰ．F72

中国国家版本馆CIP数据核字第2024YD8613号

中国商务文化教程

ZHONGGUO SHANGWU WENHUA JIAOCHENG

| | |
|---|---|
| **排版制作：** | 北京创艺涵文化发展有限公司 |
| **责任印制：** | 周燚 |
| **部分图片供稿：** | 视觉中国 |

**出版发行**　北京语言大学出版社

| | | |
|---|---|---|
| 社　　址： | 北京市海淀区学院路15号，100083 | |
| 网　　址： | www.blcup.com | |
| 电子信箱： | service@blcup.com | |
| 电　　话： | 编 辑 部 | 8610-82303390 |
| | 国内发行 | 8610-82303650/3591/3648 |
| | 海外发行 | 8610-82303365/3080/3668 |
| | 北语书店 | 8610-82303653 |
| | 网购咨询 | 8610-82303908 |
| 印　　刷： | 天津嘉恒印务有限公司 | |

| | | | |
|---|---|---|---|
| 版　　次： | 2025年1月第1版 | 印　　次： | 2025年1月第1次印刷 |
| 开　　本： | 889毫米×1194毫米 1/16 | 印　　张： | 5 |
| 字　　数： | 74千字 | | |
| 定　　价： | 38.00元 | | |

**PRINTED IN CHINA**

凡有印装质量问题，本社负责调换。售后QQ号 1367565611，电话 010-82303590

# 总前言

为满足国际社会对专业型汉语人才日益迫切的需求，顺应留学生学历教育深化发展的趋势，上海交通大学于2008年在汉语言专业中增设商务汉语和金融汉语两个专业方向，并明确了"知识、能力、素质三位一体"的培养目标。在随后的研究和教学中我们意识到，编写一套"知行合一"的汉语教材，不仅是一校、一专业所需，更是国际中文教育事业在实践和发展中的呼唤。在前期课程讲义和研究的基础上，教材的编写正式启动，经多轮试用、修改，于今付梓成书，定名"知行·经济汉语系列教材"。

本系列教材共7册，涉及商务和金融领域常见话题，包含体现各专题基本概念的词汇和句式。在语言技能训练和知识讲解上，7册各有侧重又紧密关联。具体包括：《商务汉语综合教程》（宏观篇、微观篇）、《金融汉语综合教程》（上、下）、《商务汉语听说教程》、《商务汉语写作教程》、《中国商务文化教程》。

## 一、适用对象

本系列教材适用于高等学校汉语言专业商务及金融方向的相关课程，以及经济类专业留学生的汉语必修课，也可供部分有汉语基础（达到HSK 5级水平）的外籍商务及金融行业从业人员和高年级汉语进修生选用。

## 二、教材定位

本系列教材是学历留学生从基础汉语学习转向商务及金融类专业学习的桥梁，同时也是高级汉语进修生和外籍从业人员结合自身实际工作需求进一步提高汉语综合运用能力的良好媒介。

教材力求将"知识、能力、素质三位一体"的顶层设计目标具体化并落到实处，可作为专业课程体系中的"商务汉语综合""金融汉语综合""商务汉语听说""商务汉语写作""中国商务文化"等课程的配套教材。大纲项目、教材内容、体例设计力求体现多项知识能力和素质指标的培养要求，知识方面强调商务汉语知识、经贸专业知识，能力方面重点突出商务汉语听说读写分项能力、运用汉语处理商务业务的综合能力以及跨文化交际能力。此外还兼及团队协作精神、国际化视野等素质的培养。

### 三、教材目标

本系列教材的根本目标是培养学习者使用汉语进行商务交际的语言能力。主要帮助学习者整合汉语听、说、读、写各项语言技能，继续提高综合运用汉语的能力，同时逐步学习和掌握一些最基本的商务及金融专业相关知识，如一些基础概念和术语、基本原理等。希望通过本系列教材的学习，学历留学生能较为平稳地从以汉语技能训练为主的学科基础课程，进入以商务及金融专业理论和专业知识掌握为主的学科核心课程学习；外籍商务及金融行业从业人员和高年级汉语进修生能提高在职场的汉语综合运用能力。

### 四、编写特色

1. 教学大纲兼顾知识、能力、素质的综合培养，编制组合式教学大纲。

各教材在编写前期将专业内容和国情背景相结合，筛选出系列话题，据此研制了包含语言知识、语言能力、专业知识、文化背景等多个维度的综合教学大纲。各大纲线索独立有序，纵向递进；又以每课为节点，横向关联。为整套教材搭建起立体"骨架"，也为每册每课的内容选取、练习编排提供了科学、合理、有序的依据。

2. 教学内容突出商务及金融专业性特点，选择真实语料予以适度改写。

各教材编写语言参考本科留学生所使用的经济、金融专业教材，并广泛听取多方专业人士的意见，课文内容涵盖经济和金融领域常见话题和基本概念，保留专业语料的语体风格，练习和任务的设计贴近商务活动的真实场景，为学习者进入专业学习以及日后进入商务及金融行业就业做好语言准备。

3. 借鉴内容教学法和任务型教学理念，学习过程设计和组织合理、有效。

各教材以话题为单元组织教学，每个单元包含精心选择和设计的学习材料及任务。以交际实践为导向，激发学习者的主动性，引导其在完成任务的过程中理解和掌握基础专业知识，不断提高汉语听、说、读、写各项技能，逐步培养用汉语学习商务和金融专业知识以及从事专业工作的能力，在合作完成任务的过程中培养团队协作精神、终身学习能力和国际化视野。

本系列教材编写用时多年，其间经历多轮教学实践和修改更新。编者大都为多年从事商务汉语教学的一线教师，长期讲授相应课程，对教学组织和教材使用颇有心得。他们工作十分投入,精益求精,正是他们的敬业和执着,使得这项编写工作最终得以高质量地完成。

教材的成功出版,也要感谢北京语言大学出版社各位领导和责任编辑的支持和帮助。出版社专家与编辑团队数次来上海与编者开会讨论,从教材定位、体例设计到语料选择、练习编写,事无巨细,一一商讨落实。出版社的全程支持有力推进了编写工作的顺利进行。

同时,还要感谢上海交大安泰经济与管理学院的领导和老师,他们对教材的编写提出了专业领域的宝贵意见;感谢对外汉语教学界的专家和同人在编写过程中给予的热情鼓励与宝贵建议。

欢迎使用本系列教材的老师和学习者提出宝贵意见和建议,以使教材不断臻于完善。

"知行·经济汉语系列教材"编写组
于上海交通大学

# 《中国商务文化教程》使用说明

### 一、适用对象

本教材是"知行·经济汉语系列教材"中的商务文化分册，主要适用于商务经贸汉语类本科专业的留学生课程，也适合已具有中级及以上汉语水平的学习商务经贸汉语的非学历留学生使用。

### 二、定位及目标

本教材作为特定用途（商务、经贸）对外汉语教材系列中的文化专题教材，旨在帮助学习者了解中国商务文化环境，训练和提升跨文化意识，培养跨文化的商务交际能力。

### 三、编写特色

本教材的编写基于多年的教学实践和讲义，吸收了任务型教学的理论和方法，并根据学生的需求和反馈进行了多轮调整，编写理念主要体现在以下几个方面：

1. 以跨文化意识和能力的培养为主旨。

本教材的定位不是常见的文化知识读本，而是跨文化能力训练手册。教材的目标细化、大纲架构、内容选取、知识讲练与综合能力训练均基于跨文化理论（文化层次理论、跨文化意识层次理论），各单元的教学目标包含了明确而细化的能力目标。

2. 以跨文化商务交际任务为核心。

每个单元的各种学练活动均围绕最后的跨文化交际任务展开。可以说，每个单元最后的跨文化商务交际任务是整个学习过程的归结点。学习者在这个任务中的表现是衡量学习结果和跨文化能力水平的重要行为指标。

3. 基于任务型教学理论的任务设计。

对于跨文化商务交际任务，本教材强调要在文化上有挑战性，任务的六要素（情景、学生角色、教师角色、目标、输入、活动)体现出不同文化层次上的文化冲突。在文化挑战的呈现上,本教材采取了激励性的方式,在展示任务的情境、目标、要求的过程中,教师要策略性地引起学习者对文化挑战和跨文化策略的关注,激活学习者的跨文化意识和意愿。

## 四、内容大纲

本教材以"具象文化事物→抽象文化精神"为线索,从物态文化、制度文化、行为文化、精神文化四大文化层次中,分别提取出具有中国商务文化典型特征的一些外显物质形态或内在思维方式作为具体的文化知识点,并与品牌形象、企业管理、业务拓展、营销公关等常见商业话题对应起来。在此基础上设计具有跨文化挑战色彩的任务大纲,形成提升跨文化意识的训练重点。

教材共 8 个单元[①],每个教学单元包含一个具体文化点和相应的交际任务。各单元的文化点及任务详见下表:

| 商业话题 | 文化层次 | 单元 | 文化点 | 任务 |
| --- | --- | --- | --- | --- |
| 品牌形象 | 物态文化 | 1 | 招牌与幌子 | 设计中国传统风格的店铺幌子 |
| | | 2 | 中国的货币 | 理清中国货币发展史的基本脉络 |
| 企业管理 | 制度文化 | 3 | 企业传承 | 分析中国某家族企业的传承模式 |
| 业务拓展 | 行为文化 | 4 | 商业习俗 | 介绍在华企业中文名称的文化内涵 |
| | | 5 | 民俗经济 | 策划面向来华游客的民俗旅游 |
| 营销公关 | 精神文化 | 6 | 老字号 | 调查中国老字号的代表性案例 |
| | | 7 | 商业精神 | 讲述有关商帮诚信精神的故事 |
| | | 8 | 关系营销 | 制订维护中国客户关系的行动计划 |

## 五、单元体例

每个单元设计六个环节,按照"了解目标→进入情景→知识充电→案例分析→理解文化→应用实践"的线索整合为一个完整的学习/教学过程。

---

[①] 在 2～4 学时/周,16 周/学期的情况下,可供一个学期使用。

# 第6单元 话说老字号

> "**学习目标**"明确本单元的主要知识点与任务，为整个单元的学习提供导向。

## 学习目标

1. 理解"中华老字号"的定义。
2. 了解老字号的发展现状及面临的挑战。
3. 对老字号进行深度的案例分析。
4. 针对老字号案例提出合理化建议或发展策略。

### 热身 步入商界

> "**热身：步入商界**"通过商务交际任务，将学习者带入商务交际情景中，导入相关话题，调动学习者已有的知识和文化储备。

假设你在一家广告公司工作，你的几位同事为一个客户设计了以下的品牌形象广告，请分别指出它们的卖点，并选出最能体现老字号精神的方案。

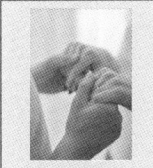
重要时刻
携手相牵

A

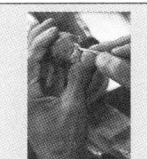
匠心
爱心

B

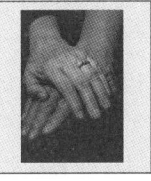
光阴流转闪耀
真爱的光芒

C

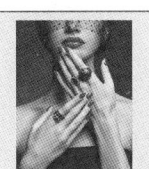
品味人生
定义时尚

D

### 商业知识

> "**商业知识**"关联相关的专业知识和概念，深化学习者对话题的理解。

**品牌精神（Brand Spirit）**

品牌原本是一种方便顾客区分不同企业及业务的标记。然而，随着商业的发展，品牌在经营过程中逐渐具有了包含个性、情感、品位等因素在内的文化意义。品牌精神可以表现为具有代表性的人物、事件、信念、思想等。品牌精神因行业、地域、历史传统和现实追求的不同而各异。

品牌精神是老字号企业的灵魂。老字号的价值和生命力源于优质产品，更来自敬业、精益、专注、创新的"工匠精神"。中国的老字号就是这种品牌精神在中华民族文化中的长期积淀和集中体现。

## 本单元重点　知识充电

- 老字号
  - "中华老字号"的定义
  - "中华老字号"的现状
    - 经营不善，出现亏损
    - 勉强维持
    - 盈利，获得市场认可
  - 老字号案例分析
    - 发展背景
    - 产品/服务特色
    - 市场策略
    - 成功/失败的原因

> "本单元重点"通过梳理本单元学习所涉及的概念要点和框架体系，为学习者参与后续案例讨论和完成任务提供理论指导和知识支持。

### （1）中华老字号

中华老字号（China Time-honored Brand）指历史悠久，拥有世代传承的产品、技艺或服务，具有鲜明的中华民族传统文化背景和深厚的文化底蕴，取得社会广泛认同，形成良好信誉的品牌。

## 案例思考　课堂讨论

1. 请简要介绍下列图片中的上海老字号及其特色产品。

> "案例思考"通过商务实例引导学习者进行观察、分析，并以思考题的形式启发学习者思考商务案例背后的深层文化因素。

**延伸性思考**

（1）上述老字号品牌的现状如何？

（2）你还了解哪些老字号品牌？

## 课文　资料研读

### 老字号如何迎接新发展

**正在老去的品牌**

近些年来，中国的品牌建设总体上取得了很好的成绩，但还存在很多问题，尤其是很多老字号品牌的传承与发展出现问题。老北京街头巷尾曾经流传着一句俗语"头顶马聚源，脚踩内联升，身穿瑞蚨祥，腰缠四大恒"，这句俗语说的就是老北京的四家老字号。这些老字号随着时代变迁，逐渐消失在人们心中，风光无限的老品牌显现出无法与时代同行的疲态。商务部数据显示，在被认定的1128家"中华老字号"中，仅有10%发展状态较好，其余大部分都存在着经营问题。产品老旧，创新动力不足，经营方式落后，市场反应慢，品牌口碑差，无法吸引年轻的消费者，这些都成为不少老字号心中的痛。

2020年5月11日，162岁的餐饮老字号"狗不理"宣告退市，网友评论"可惜"的同时也感叹其自身亦有问题。"狗不理"总店在某平台上约1.2万条的评论中竟有近千条差评——"服务差""价格贵""口味一般""不值"等是诸多消费者对"狗不理"的印象。对于这些网友或好或坏的评论，"狗不理"店铺始终未做出解释或实质性的改进，这种不关注年轻消费者的心声，仅以情怀作为营销手段的行为最终以"狗不理"陆续关闭十余家门店和退市告终。

**逐步成长的新一代**

市场始终关注着年轻的消费者，因为这是一个消费人口基数和增长潜力都巨大的群体。不论是哪一个时代，在发展过程中，年轻人的力量对品牌推广与市场

> "课文：资料研读"提供与本单元主题相关的文章及配套练习，文章为与该主题相关知识点的必要补充或具体深化，既可以作为课堂学习的延伸，也可作为学习者学习能力的一种检验。

## 练习　理解与思考

1. "狗不理"退市的主要原因是什么？

2. 年轻消费者的消费行为受什么因素的影响？表现出怎样的特点？

3. 请举例说明实现品牌年轻化的具体做法。

> 配套练习可以帮助学习者理解文章内容和所补充的知识点。

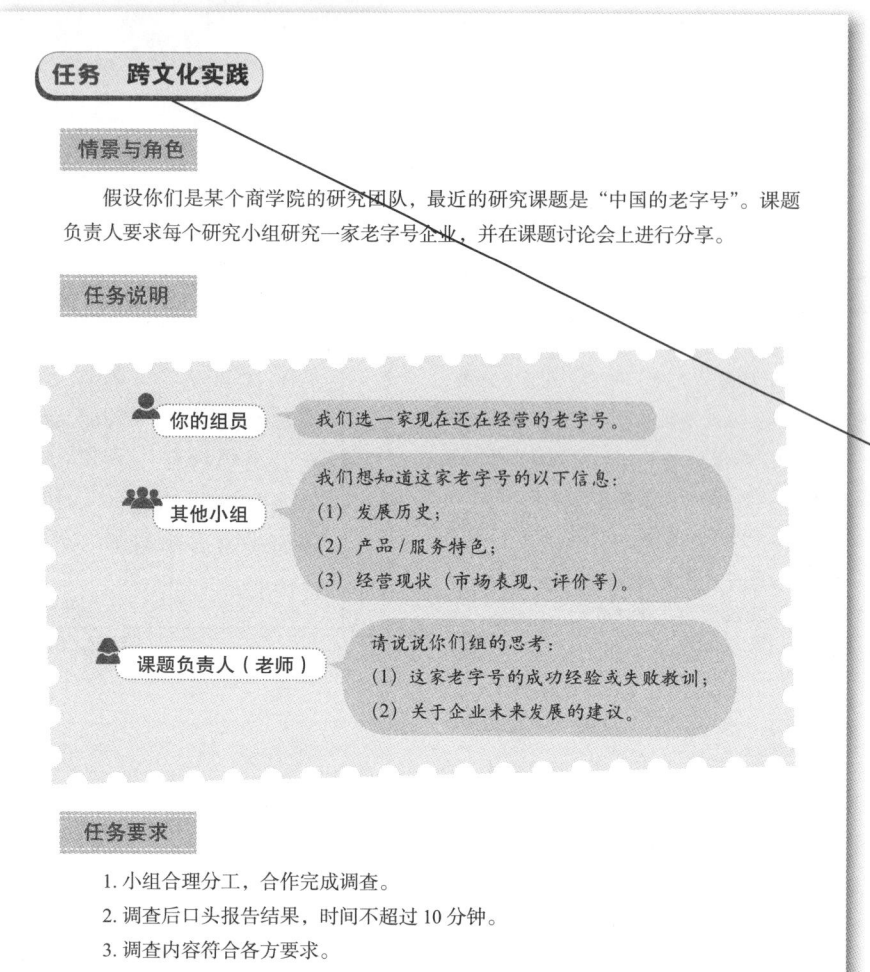

"任务：跨文化实践"是整个学习过程的能力实践和升华。每个任务根据对应的专业话题与文化层次，设定一个内含文化冲突的商务交际情景，并赋予学习者具体的交际角色和仿真的任务目标。这一环节要求学习者面对文化差异的挑战，做出积极的应对，从而强化跨文化敏感性和跨文化意识。这个过程是教师与学习者共同反思的重要环节。

根据教学需要，书中课文由报纸、杂志、网络等媒体中的语料改写而成。受时间、地域、技术手段等因素限制，我们未能与权利人一一取得联系。对此，我们深表歉意和感谢，衷心希望权利人谅解并与我们联系版权事宜。特此声明。

联系电话：（010）82303143

电子邮箱：guojizhongwen@blcup.com

# 目　录

| 序号 | 标题 | 商业知识 | 课文 | 页码 |
|---|---|---|---|---|
| 1 | 认识"招幌" | 企业形象识别系统 | 中国传统幌子的寓意传达 | 1 |
| 2 | 浅谈古今货币 | 货币的功能 | 浅谈中国货币发展历程及文化内涵 | 8 |
| 3 | 家族企业的代际传承 | 企业传承 | 从资本积累到文化生产 | 16 |
| 4 | 商业习俗：取名与开业 | 企业仪式 | 小店名，大智慧 | 25 |
| 5 | 民俗经济 | 产品差异化 | 民俗文化带热端午消费 | 33 |
| 6 | 话说老字号 | 品牌精神 | 老字号如何迎接新发展 | 40 |
| 7 | 诚信兴商 | 信任经济 | "诚信兴商"光明邨 | 49 |
| 8 | "关系营销"在中国 | 关系营销 | 中国传统文化与西方关系营销 | 57 |

# 第 1 单元 认识"招幌"

## 学习目标

1. 理解招牌的定义和作用。
2. 理解幌子的定义和作用。
3. 了解幌子的基本分类。
4. 能结合文化特征设计中式幌子。

### 热身 步入商界

在一条商业街上，有 A、B 两家商店，请你为它们做一下店面设计，要让人们一眼就能把它们区别开来。

## 商业知识

**企业形象识别系统（Corporate Identity System，CIS）**

企业有计划地主动展示、传播自己的各种特征，树立一个标准化、差别化的形象，以便公众识别并形成良好印象，包括理念识别（Mind Identity）、行为识别（Behavior Identity）和视觉识别（Visual Identity）。

企业的名称、标志、产品包装、企业内部（办公室、工厂、商店）环境布局及所使用的装饰、颜色、字体等都是企业视觉识别的要素。

## 本单元重点　知识充电

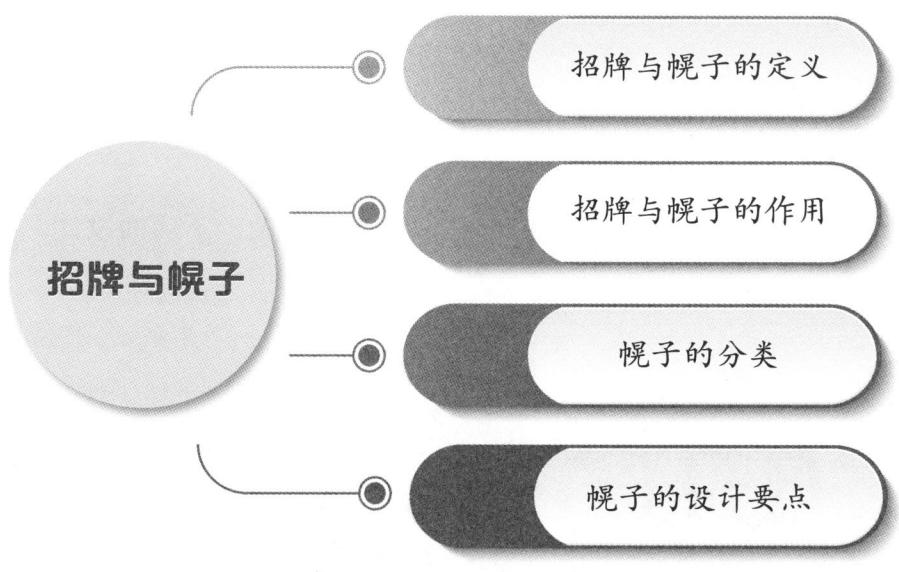

（1）**招牌**

主要是以悬挂、镶嵌或砌筑等方式固定于商店门前的作为标志的牌子。

（2）**幌子**

商业广告的一种古老形式，是以实物、旗帜等形式置于店铺门前表明所卖商品的标记。

第 1 单元　认识"招幌"

## 案例思考　课堂讨论

1. 请找出下图中的实物幌和模型幌，并写出店家所经营的产品。

_____

_____

_____

_____

思考　实物幌有什么局限性？哪些类型的产品更适合用模型幌？

## 2. 请综合运用本单元所学知识，分析以下图片。

（1）从图中的幌子来看，该店所经营的产品是什么？

＿＿＿＿＿＿＿＿＿＿＿＿＿＿＿＿＿＿＿＿＿＿＿＿＿＿＿

（2）图中的幌子采用了什么特殊造型？有何寓意？

＿＿＿＿＿＿＿＿＿＿＿＿＿＿＿＿＿＿＿＿＿＿＿＿＿＿＿

### 延伸性思考

如何认识中国传统幌子在现代商业中的价值？

### 课文 资料研读

# 中国传统幌子的寓意传达

中国传统幌子是古代店铺招揽顾客的行业标记，以图形、色彩、文字等传达商品信息、辅助经营、进行广告宣传和装饰店铺。从最初形制简单的实物幌、模型幌到后来制作精美的图画幌、象征幌、文字幌等，近千种不同形制的传统幌子成为百姓日常生活中约定俗成的大众文化符号，反映了传统社会民众的社会生活、风俗习惯、审美情趣，并寄寓了民众趋利避害、祈福纳祥的美好愿望。在中国传统幌子中，巧妙的艺术构思和丰富的情感寓意通过形态、色彩、文字等生动地传达出来。

### 一、形的寓意传达

形的寓意传达首先集中体现在大量吉祥造型的运用上。一方面，部分象征幌主体直接以吉祥造型的形式出现，如酱铺、油铺、酒馆的幌子常以葫芦的造型出现，钱铺、当铺的幌子则常以蝙蝠、古泉、如意、元宝的造型出现。另一方面，很多幌子以吉祥造型为基本元素进行设计，龙、桃、莲、祥云、如意、盘长、方胜等普通民众所喜闻乐见的图案在幌子的各个部分构成其基本的装饰纹样，如茶行幌子以莲花为装饰，莲出淤泥而不染，寓意清廉，是人的品格写照。此外，在幌子的设计中，主体与细部也常常结合在一起通过组合来表现整体的寓意，如旧时客栈的幌子用鲤鱼和箩圈的组合寓意鲤鱼跃龙门，表达对前来投宿的参加科举考试的应试者的祝福，而鱼又有"年年有鱼"的吉祥寓意，反映了客栈老板希望自己店铺兴旺的美好愿望。总之，传统幌子中丰富多彩的吉祥造型在长期的社会生活中得到了民众的广泛认同，是民众生活方式、文化习俗及美好生活理想与愿望的体现。

## 二、色的寓意传达

中国传统幌子作为民间工艺的一种，其色彩大多与特定的民间文化观念相关联，色彩的运用也集中体现了民俗文化心态即民族性的色彩喜好。中国古代劳动人民在长期的生产和生活实践的基础上形成了阴阳五行的哲学观念，在此基础上相应产生了中国传统的五种基本色相——青、赤、黄、白、黑，构成了中国传统社会富有代表性的色彩整体观。古代的人们称这五色为"正色"，暗含了"吉利、祥瑞、如意"的寓意。幌子在色彩运用上也受到了这种民族色彩观念的影响，一般在材料自然呈色的基础上突出体现民族性的色彩喜好，红色、黄（金）色、青色等人们喜闻乐见的颜色几乎成为幌子中不可缺少的颜色，如挂幌的幌坠一般以红色布条或穗子作为装饰，传达了人们"红红火火图个吉利"的色彩情感寓意。再以传统社会不同形制饭铺的幌子为例，在设色上这类幌子常用黄色和红色为主色进行整体的色彩渲染，传达"热闹、喜庆"的色彩寓意。总之，幌子总体色彩鲜艳、简洁、明快，充满活泼的生命情调，商家和民间艺人通过色彩寓意表达了民众的心理情感，体现了普通百姓的生活态度与审美情趣。此外，幌子的设色也不乏清淡素雅的朴素色，部分幌子用白、黑、灰等素色表达清淡悠远的意味，而这样一种设色往往与商品的文化内涵存在紧密联系，以色寓意，如颜料铺幌子用白与黑的渲染加上以线钩出的朵朵祥云把传统书法笔墨的韵味表现得淋漓尽致。

## 三、文字的寓意传达

由于传统社会普通民众的文化教育水平相对较低，所以文字类的幌子早期不多，且往往只是一些简单的说明性文字。在为数不多的文字幌中，文字的寓意传达首先表现为吉祥字符的运用，喜、寿等吉祥字符的运用是民众美好生活理想的写照。另外,值得一提的是文字幌构思的写意性,如旧时理发店的幌子"进门来长发罗汉,出店去光面菩萨"体现了浓郁的生活气息,米店幌子在雕花的木刻幌子上用"欺雪赛霜"等文字来比喻和暗示米的质量,各种酒旗幌中"李白回言此处高"等生动的文字寓意均不难看出商家的巧妙构思。这些构思精妙的文字幌至今仍可以给现代广告一定的启示。

(改写自《中国传统幌子的寓意传达》,陈旻瑾,
《上海工艺美术》,2005年第4期)

## 练习　理解与思考

1. 中国传统幌子的寓意一般通过哪些方面来表现?

2. 请举例说明中国传统幌子是如何通过形态来表达特定的情感和审美情趣的。

3. 中国传统幌子一般喜欢用哪些颜色?为什么?

## 任务　跨文化实践

### 情景与角色

在一条新建的仿古商业街上,有一排相邻的商铺,房子的外观完全一样(如下图)。

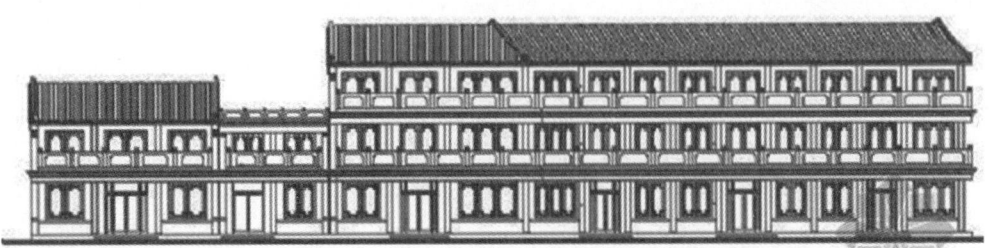

## 第 1 单元 认识"招幌"

这些商铺正准备开业。假设你是其中一家店的老板,这家店的情况如下:

这是一家小而美的果汁店,虽然占地面积小,但所售果汁品类丰富,且均为鲜榨,口感鲜美,其中有一些是店家独创的混合口味的果汁。

### 任务说明

你打算为自己的商铺设计一个幌子,使它能够跟相邻的商铺区别开来,并帮助顾客轻松找到你的店。

**消费者**:老板,怎么让我们一眼认出你的店?

**商业街管理者**:每家商铺的幌子都必须带有中国传统文化元素,以便整条街形成统一的风格。幌子的设计要突出商铺的产品内容和特色。

**幌子制作者(老师)**:请说明你们的幌子设计方案。

### 任务要求

1. 展示并介绍幌子的设计方案,时间不超过 10 分钟。
2. 幌子应体现出果汁店的品牌形象。
3. 幌子的设计要符合商业街管理者的要求。

# 第 2 单元　浅谈古今货币

## 学习目标

1. 了解中国货币的演变历程及相关背景。
2. 了解不同时期中国货币蕴含的文化内涵。
3. 能结合货币的材质、功能、历史背景、文化内涵等介绍中国的货币文化。

**热身　步入商界**

历史上的货币

第 2 单元　浅谈古今货币

1. **判断：下面这段话提到了图中的哪种货币？**

   该国一共发行过 4 套钞票，第一套以胡姬花也就是中国人说的兰花为主要图案，这种花是该国的国花。这个系列的纸币有 9 种面额，所以正面共出现了 9 种不同品种的胡姬花，花的旁边还有该国第一任财政部部长的签名和印章。货币的背面大部分是当地的地标建筑，不过 10 元币比较特别，印的是以国家版图为背景的四只紧握的手，象征着四大种族的人民紧密团结在一起。

2. **图中的这些货币上分别有哪些元素？你觉得这些货币分别来自哪里？**

3. **图中的大部分货币已经不再是流通工具，没有了经济功能。为什么很多博物馆和个人还愿意收藏它们？**

4. **你们国家的货币上面有什么元素？**

## 商业知识

**货币的功能**（Functions of Money）

　　货币是物质交换过程中的一种一般等价物，具有五种基本的经济功能。
　　（1）价值尺度：货币以自身的价值作为一个标准，去衡量其他产品的价值。
　　（2）流通手段：在"商品—货币—商品"的交易过程中，货币就是商品交易的媒介。

（3）贮藏手段：货币被保存起来，处于相对静止的状态，其作用是衡量财富水平。

（4）支付工具：货币具有独立的支付功能，比如支付工资、借/还钱款、赔偿或捐赠、分期付款，这些时候货币不与商品交换同时存在。

（5）世界货币：商品流通会跨越国界，此时货币就变成世界市场中的一般等价物。黄金、白银是公认的世界货币，一些国家的货币因国际化程度较高也被视为世界货币。

除了基本的经济功能，货币还有文化方面的功能。它的形状和材质，以及货币上出现的人物、事物、事件、符号、文字等都综合展示了一个国家的传统文化、设计理念和技术，体现出一个国家的整体形象。货币因为它的精美制作和文化特性而具有了艺术价值，吸引了众多文化爱好者收藏。

货币还是某些仪式活动的物质痕迹，比如：某些国家或地区在建造宗教建筑时，会举行隆重的封存货币的仪式；某些民族的人们在许愿祈祷时，会扔出一枚小小的硬币。

## 本单元重点　知识充电

### 第五套人民币

为适应经济发展和市场货币流通的要求，1999年10月1日，在中华人民共和国成立50周年之际，中国人民银行陆续发行了第五套人民币（1999年版）。第五套人民币共有1角、5角、1元、5元、10元、20元、50元、100元8种面额，其中1元有纸币和硬币2种形态，而1角和5角则只有硬币形态。第五套人民币取消了第四套人民币里的1角、2角、5角和2元纸币，增加了20元纸币。

第 2 单元　浅谈古今货币

## 案例思考　课堂讨论

1. **比较下列四张图片并回答问题。**

（1）图片中的古代货币看起来有什么相似的地方？

（2）它们为什么会被设计成这种样子？

2. **说说第五套人民币纸币的背面有什么图案。**

3. 下列汉字的部首是什么？有什么含义？

> 贵、购、贩、账、赠、财、资、赔

### 延伸性思考

你还知道哪些与货币背景相关的汉语词语？

## 课文　资料研读

### 浅谈中国货币发展历程及文化内涵

货币是社会经济的产物，也是民族文化的结晶。从古至今，中国货币的物理形态几经变化，经历了古贝壳—铜铸货币—金属金银—纸币的演进过程。在这些变化过程中，又蕴含着丰富的文化内涵。

#### 一、古贝壳作为货币的历史与文化内涵

据古籍记载，人类社会较早使用的实物货币主要有龟、贝、珠、玉、刀、布等，而最早出现且使用最广泛、最长久的实物货币就是贝币。贝之所以能够成为古代最早的货币，一是由于它拥有天然美丽的形态和色彩斑斓的花纹，被古代先民作为象征美好和吉利的护身符而互相赠予或珍藏；二是由于其具有坚固耐磨、易于携带的特点，可以在商品交换的过程中充当媒介。

因此，在汉字中与经济活动或者财富有关的汉字通常含有"贝"字旁，如贩、货、购、财、赏、赠等。

#### 二、铜铸币作为货币的历史与文化内涵

在中国漫长的货币发展史中，铜铸币占据了突出而显要的地位。春秋战国时期，由于诸侯割据，以及地理条件、生活条件的不同，各诸侯国经济发展各具特

色，由实物演变而成的铜币的种类也不同。后来秦始皇统一中国，也统一了币制，废止刀币、布币等，规定以黄金为上币、铜钱为下币。铜钱单位为半两，称"半两钱"。铜钱一般为圆形，中间有一个方孔，象征天圆地方，同时方孔便于用绳索贯穿钱币，使计数、携带与流通更加方便。自此之后，外圆内方成为中国铜钱的固定形式，沿用2000多年。铜铸币作为货币，是因为较铁而言，铜的化学性质比较稳定，不易被腐蚀，也不易氧化；此外，造价不太高、便于保存和携带的特点也使铜成为交换的重要媒介。

中国古铜币几千年来一直铸有文字，有别于西方铸币以图画为主的特点，体现了中国传统文化的特点。汉字的发展经历了从甲骨文到金文、小篆、隶书、草书、楷书、行书等几个阶段，这些字体都能在历代的铜铸币上见到，这使铜铸币还具有很高的欣赏价值，古往今来，不乏收藏之人。

### 三、金、银作为货币的历史与文化内涵

在中国古代，西汉是有记载的使用黄金最多的时代。那时，黄金一般被做成饼状、麟趾或马蹄的形状，每斤约值一万钱，主要用于大额交易、储藏和赏赐等。东汉时期，另一种金属——白银开始作为货币进入流通领域。在唐朝大量的对外贸易中，黄金和白银成了主要的支付手段。两宋时期，白银已具有货币的各项职能，使用量进一步增大，商品也开始出现以白银作为价值尺度来衡量的状况，这种状况到了元朝则得到全面发展。到了明中叶以后，随着商品经济的发展，白银的流通更加广泛，并形成了一套完整的白银流通制度。此时，铜钱仍为辅币。与之相对应的是，随着白银的普遍使用，黄金渐渐退出了流通货币的范围，主要用于贮藏或做装饰品。

金银的自然属性决定了金银具有体积小、价值大、易于分割、不易磨损、便于保存和携带等优点。白银和黄金一样，是一种历史悠久的贵金属。银永远闪耀着月亮般的光辉，因此，中国也常用"银"字来形容白而有光泽的东西，如银河、银鱼、银耳、银幕等，银在制镜工业上也占有很重要的地位。

### 四、纸币的历史与文化内涵

纸币的出现是货币史上的一大进步。北宋时期在四川成都发行的交子被视作

纸币的开始。宋代商品经济发展较快，商品流通中需要更多的货币，而当时铜钱短缺，满足不了货币流通的需求。当时的四川地区通行铁钱，铁钱值低量重，使用极为不便，而且四川通往外界的道路又异常崎岖，因此特别需要轻便的货币，这也是纸币最早出现于四川的主要原因。交子的出现，弥补了现钱的不足，与金属货币相比，它的制作成本低，更易于保管、携带和运输，避免了铸币在流通中的磨损。

如今人民币是中国的法定货币，由国家授权，中国人民银行发行。纸币的选材与制作工艺也关系到其流通与防伪的功能，如人民币用纸的主要原料是棉短绒，棉短绒比一般的造纸原料贵重得多，它坚韧耐折，如果用手拿着纸钞在空中抖动，会发出清脆的声音。人民币的设计理念中也融合着众多的文化元素，比如在第四套和第五套人民币中，其背面印有万里长城、桂林山水、长江三峡、珠穆朗玛峰、黄河壶口瀑布、山东泰山和西藏布达拉宫等非常有代表性的风景名胜图案。此外，第四套人民币中曾出现的燕子桃花、仙鹤劲松、凤凰牡丹等也都是具有吉祥意义的花鸟图案。

（改写自《浅谈中国货币发展历程及文化内涵》，马小钦，《丝绸之路》，2011年第16期）

## 练习　理解与思考

1. 为什么最早出现且使用最广泛的实物货币是贝币？

2. 为什么交子最早出现在四川成都？

3. 请举例说明人民币设计理念中的文化要素。

# 第 2 单元 浅谈古今货币

## 任务　跨文化实践

### 情景与角色

假设你和同学是某博物馆的志愿者，负责向观众介绍展品。最近，你们博物馆要展出一些历史货币（见下表）。

| 编号 | A | B | C | D | E |
|---|---|---|---|---|---|
| 展品 | | | | | |
| 时期 | 秦 | 东汉 | 清 | 唐 | 商 |
| 名称 | 半两 | 五铢 | 银圆 | 开元通宝 | 贝币 |

| 编号 | F | G | H | I | J |
|---|---|---|---|---|---|
| 展品 | | | | | |
| 时期 | 清 | 西汉 | 当代 | 宋 | 明 |
| 名称 | 元宝 | 马蹄金 | 第四套人民币 | 交子 | 大明通行宝钞 |

### 任务说明

请向观众介绍这些中国历史上出现过的货币。

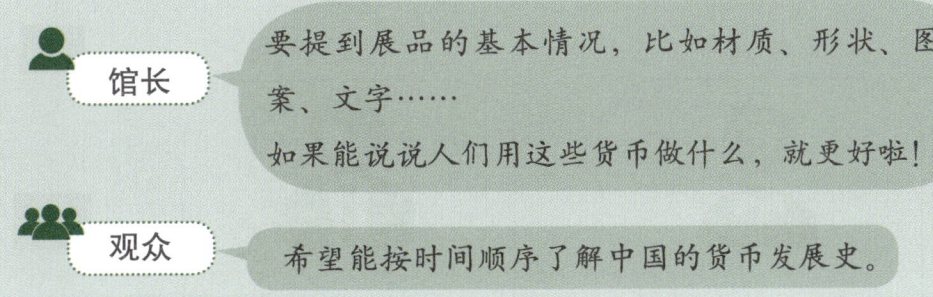

馆长：要提到展品的基本情况，比如材质、形状、图案、文字……
如果能说说人们用这些货币做什么，就更好啦！

观众：希望能按时间顺序了解中国的货币发展史。

### 任务要求

1. 分工查找表中货币的相关信息，并确定它们出现的时间顺序。
2. 介绍的内容符合馆长和观众的要求。
3. 每组介绍时间不超过 15 分钟。

# 第 3 单元　家族企业的代际传承

## 学习目标

1. 了解现代家族企业传承中代际冲突的深层原因。
2. 了解目前中国家族企业传承的主要模式。
3. 能具体分析不同传承模式的利弊因素。

### 热身　步入商界

某企业家因为上了年纪且身体状况不佳，正在考虑将他创办的企业交给合适的接班人。请帮他分析一下，选择自己的孩子和选择职业经理人各有什么利弊。

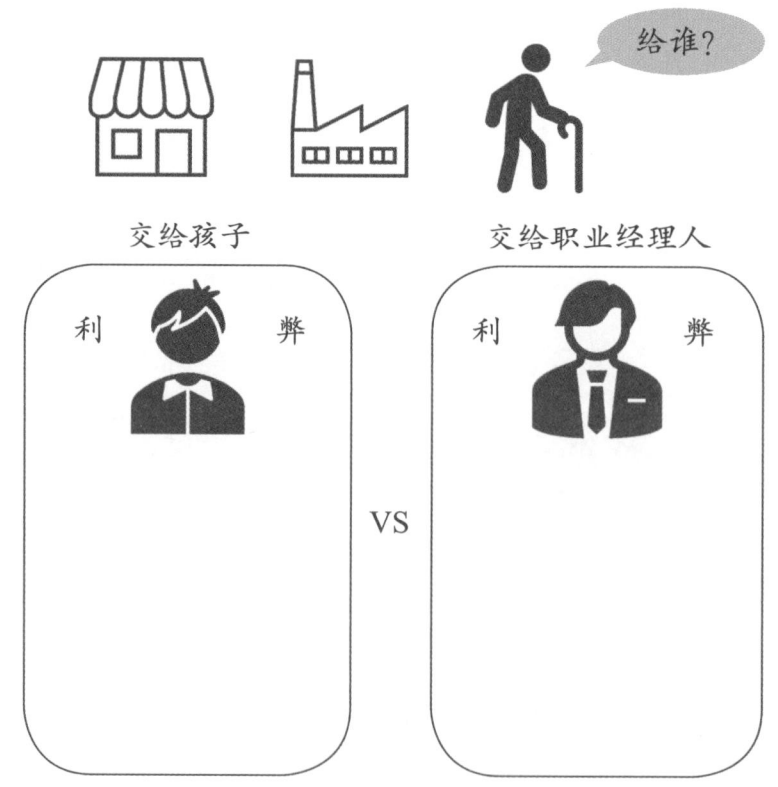

## 商业知识

**企业传承**（Enterprise Succession）

创业难，守业更难，没有一家企业在成立之初不想传承百年，但要做到这一点，不仅需要锐意开拓的创业者，更需要继往开来的守业者。企业传承就是通过对企业接班人的培养和训练，使企业能够保持长盛不衰。因此，企业的传承不只是财富的传承，更重要的是制度、模式和文化的传承。

家族企业的传承，一般是在家族的下一代中培养接班人；而对非家族企业来说，企业传承需要当前的企业领导者选择一个合适的接班人。关于这两种企业的传承，你能想到什么例子吗？

## 本单元重点　知识充电

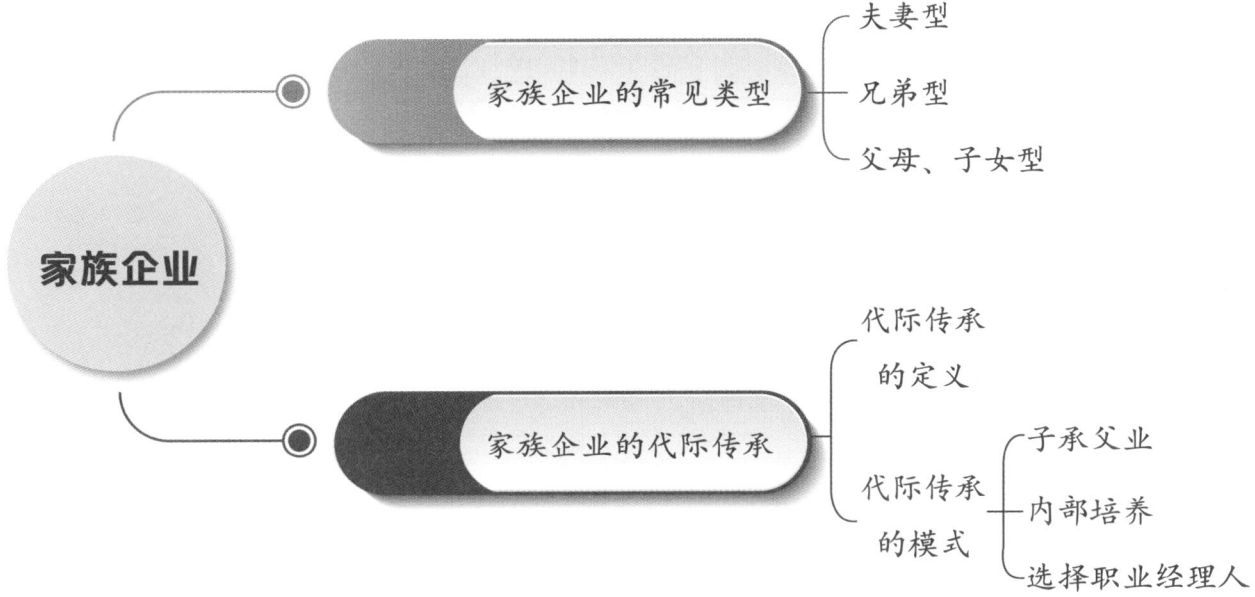

### （1）家族企业

家族企业指被同一家族拥有部分所有权、在较长的时期内被持续控制的企业，它是一种家族规则与企业规则相融合的经济组织。

### （2）代际传承

代际传承是指家族企业中两代人之间的企业传递与继承。

## 案例思考 课堂讨论

**1. 请勾选出你认为最可能造成代际冲突的三个因素并说明理由。**

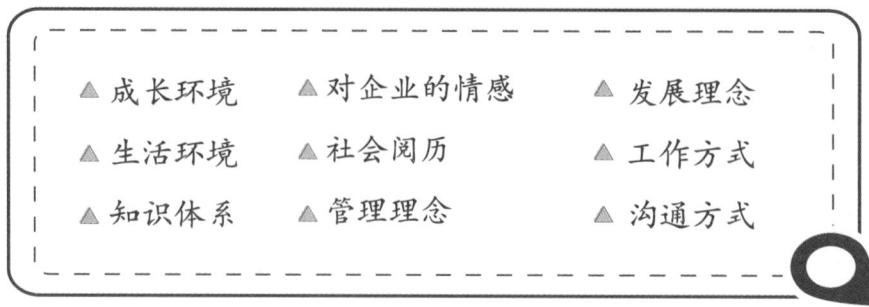

**2. 有人说方太集团的传承模式是"创业式传承",请谈谈你对这种模式的看法。**

> 方太集团:方太集团创建于1996年,主要产品为集成厨房、吸油烟机、燃气灶具、电磁灶具、消毒碗柜、燃气热水器等,现已成为中国厨房领域最成功的生产厂家之一。茅理翔、茅忠群父子通过"创业式传承"模式完成了方太集团的传承,这一模式的核心是所有权上坚持家族制,经营权上淡化家族制。

**思考** "创业式传承"模式跟传统的"子承父业"相比,它的优势在哪里?

## 课文　资料研读

# 从资本积累到文化生产
## ——中国家族企业第二代如何完成社会再生产

中国在过去40年的巨变常被描述成一场从计划经济向市场经济的转型。与这场转型相伴而生的是私营企业主阶层的出现和崛起。我们将这批在改革开放时期开始创业的人视为当代中国的第一代私营企业主阶层。根据福布斯富豪榜2016年的数据，中国前400名最富有的企业家的财富都超过了10亿美元。随着财富增长的还有年龄，福布斯上榜企业家创业时的平均年龄是27岁，而今平均年龄为53岁。此外，2016年一项权威的全国性抽样调查数据显示，中国的私营企业主平均年龄为46岁，56岁以上的占到了14%。

如今，这些企业家面临的一大挑战是如何将他们创造的商业帝国传递给自己的子女，也就是"第二代"。在未来10年中，半数以上的中国家族企业将面临接班人问题。目前，中国的绝大多数私营企业依然是家族企业，企业的继承模式也主要是家族内继承。虽然从理论上来说，企业的第一代创业者可以通过各种现代手段保持家族的财富，如效仿欧美企业雇佣职业经理人管理企业，同时通过家族基金会控制企业。中国的家族信托和基金这几年也得到了一定的发展。然而，对于中国的第一代私营企业主来说，将企业的所有权、管理权和控制权顺利传递到子女手里，依然是绝大多数人的执念。但要真正实现"子承父业"并不容易。在北京大学光华管理学院2015年发布的《把脉中国家族企业发展报告》中，只有20.5%的受访第二代表示愿意接班，而高达69.3%的第二代表示希望自主创业。

按照子女接班意愿的强弱和是否实质上参与了接班过程这两个维度，我们可以将第二代分为四种类型（见表1）。在这四种类型中，"逃避者"是指接班意愿弱且没有实质参与到接班过程中的第二代；"淘汰者"是指虽然有接班意愿却没有参与接班过程的第二代，比如长辈不放心或者被剥夺了继承权的子女。另外两种类型的第二代——"继创者"和"少帅"都参与到了企业的接班过程中，区别在于前者的接班意愿不强，后者的接班意愿强烈。当然，这四种类型的边界并不是固定的。

表1　第二代的接班类型

| 类别 | 接班意愿弱 | 接班意愿强 |
| --- | --- | --- |
| 实质参与接班过程 | 继创者 | 少帅 |
| 未实质参与接班过程 | 逃避者 | 淘汰者 |

至于本文标题中提到的"文化生产",第二代并没有简单地继承父辈的创业文化,而是创造性地使用属于他们一代的新文化,这是一个"文化生产"的过程。以下材料来自2016年我们在上海和武汉进行的访谈。

**"叛逆"的第二代:企业文化的创造与更新**

对那些"少帅式"的年轻人来说,接班通常是通过一种渐进式的家族企业内部的"学习"完成的。首先,他们会进入公司并在一个较低的职位上学习。一段时间后,他们会尝试主管一个部门或分公司,这是为了培养他们独立管理和决策的能力。同时,这样的安排能够降低接班风险。随着这类年轻人逐渐适应企业管理,积累了经验,他们开始占据更为高层的位置,直到担任企业的总经理。这时候,创始人往往会留任董事长,他们的角色也渐渐向顾问过渡,直到完全退休。

而那些我们称之为"继创者"的第二代,在其父母的支持或默许下选择了另一种接班模式。他们不在父母创立的企业中任职,而是自己创业,开辟了一条"曲线救国"的接班之路。有些人进入金融领域,通过投资获取丰厚的回报;有些人开办自己的公司,而他们的父母通常是大股东;也有人选择不进入家族生意的核心领域,而在周边进行开拓,即"接班和再创业的结合"。通过这样的模式,他们通常能够更快地在没有接班家族企业的情况下继承父母作为社会成功人士的社会地位,也可以更完整、更自主地保留自己的文化独立性,避免受到父母的支配或与父母发生激烈的正面冲突。

我们的田野调查显示,绝大多数的第二代接受过高等教育,他们认同现代企业管理制度,因此,在参与企业管理的过程中,他们并不是被动地接受企业已经形成的文化,而是有着一套自己的文化观念。通常来说,对父辈企业文化的"拒绝"主要是由于生活方式、价值观和理念不同。这些与父辈迥异的生活方式、价值观和理念促使第二代更希望构建自己的创业文化和社交网络。具体来说,与他们那些全身心投入工作的父辈不同,第二代更看重生活和工作的平衡,工作要努力，但娱乐也要尽兴。他们更愿意花时间与伴侣和孩子在一起。在年轻的第二代看来，有意义的人生是要在追求个人兴趣的同时承担起自己的社会责任。这一代的年轻企业主承担的压力并不比他们的父辈小，但压力的来源完全不同。

受对"成功"的不同理解的指引，两代人所选择的通向成功的道路也就有所不同。与父辈们依靠经年累月的经验不同，第二代更加依赖系统性知识、专业培训和教科书上的成功案例。当然，他们也承认自己的方法有利有弊。第二代的优势是拥有更加宽广的国际视野，当企业发展到某一个阶段时他们可以助其在更大的平台上获得更广阔的发展。对于最新的商业理念、技术和潮流，这些年轻人也更为敏锐和开放。同时，接受了高等教育和正规训练的第二代也认为自己更善于理性思考。当然，第二代承认自己不如父辈们那样接地气，做决定也没有那么果断，有时还没有分析清楚状况已经错过了最佳时机。

除了工作风格和商业嗅觉的不同，两代企业主对建立自己的社交网络也有着不同的方式。年轻的第二代更注重与跨领域同伴之间的业务合作、信息交流和资源共享。一方面，他们想要积累自己的人脉，而不仅仅是继承父母的社会资本；另一方面，他们也希望通过打造新型的社交网络来弥补自己的缺失，特别是与地方官员的关系。这些年轻的企业家发现，父母的社会资本并不如经济资本那么容易继承。他们中的许多人并不愿意结交酒桌朋友，有些甚至想通过聘请专业的公关人员来完成令人感到为难的社交任务。不少第二代加入了政府支持或是自发组织的企业家协会，来帮助自己建立必要的社交网络。在这些或真实或虚拟的圈子里，他们广交朋友，培养兴趣爱好，分享商业信息，完成培训课程，希望未来能从中受益。

**代际冲突与协商：企业家精神的传承**

由于经营理念、管理文化和生活方式的不同，两代企业主在接班过程中会不可避免地产生不少冲突。因此，两代人面临的首要问题是如何建立基本的互信。

子女抱怨父母过于固执，而父母又认为子女缺乏上进心、能力不足、态度也不端正。此外，两代企业主在经营理念和管理风格上也时有冲突。年轻人认为裙带关系和论资排辈给他们的经营管理带来了麻烦和负担，抱怨父母对亲戚和老员工过于宽容。对年轻的企业主来说，这不仅仅关乎企业的运营效率，更是是否具有规则意识的原则性问题。显然，他们更加认同以效率和专业为核心的企业文化和管理风格。为此，两代人之间在用人问题上冲突不断。

而我们所关注的第二代中的"继创者"与父辈的关系往往更加微妙。他们中的大多数人，虽然希望能够独立创业，但却不得不需要父母做他们的天使投资人。特别是在创业初期，他们不仅依赖父母的经济投入，也需要通过父母的社交网络获取机会和庇护。也许因为既想要证明自己作为老板的能力和判断力，又不得不依赖父母的帮助，他们对自己与父母的生意之间的界线特别敏感。他们更愿意被称为"创二代"，而不是"富二代"。他们往往需要十分努力，才能避开父母的光环。

由于两代人之间的矛盾和冲突，企业传承之路往往并不平坦。企业的传承首先需要修复两代人之间的关系，而要修复这样的关系需要双方同时做出让步和妥协。在共同的让步和妥协中，两代人的企业文化实践才能求同存异，共同朝着顺利传承的方向前进。第二代接班人尤其是其中的"继创者"依赖父母的资源，以保持自己的事业在法律、财务及心理上的独立性之间取得平衡。而在这个过程中，企业家精神得到了更好的传承。可见，私营企业主阶层的社会再生产绝不仅仅是具体的财产或公司继承，而更是抽象层面上对创业精神、文化和社会资源的传承。

（改写自《从资本积累到文化生产——中国家族企业第二代如何完成社会再生产》，梅笑、吕鹏，《青年研究》，2019年第1期）

## 练习　理解与思考

1. 被称为"继创者"的第二代是怎样接班的？

2. 概述文中提到的两代企业主在理念、工作风格等方面的不同之处。

## 第3单元 家族企业的代际传承

### 3. 面对代际冲突，怎么做才能修复两代人之间的关系？

_____

_____

## 任务　跨文化实践

### 情景与角色

假设你在一家投资公司工作，最近你的团队发现了一个不错的商业项目，去当地做尽职调查后，你了解到以下情况：

> "百合家纺"是一个家族企业，主营床单、被套、枕套等床上用品，产品质量优良，多次被评为"优质产品""金奖产品"。该企业目前主要做中低端酒店的床品供应，占中国北方市场一半的份额。
>
> 该企业已成立30多年，从一家生产面料的5人小作坊发展为资产过亿的大型家纺企业，目前拥有员工2000多人。企业创立者赵大明认为家纺行业是给人带来温暖的行业，十分重视产品质量，当地一些快捷酒店大都使用他们的产品。赵大明还把跟他一路打拼的员工看作风雨同舟的家人，在管理上强调人情味。企业也一直与政府保持着良好的关系。去年儿子回国，他就宣布退休，把企业交给了下一代。
>
> 现任总经理是企业创办人的儿子赵朋，他接手企业不到一年。他高中毕业就到欧洲留学，拥有金融和数学双学位，对前沿技术和海外市场比较熟悉。他认为企业原有的理念和经营模式已经跟不上市场新形势，想引入最新的管理和生产系统，把所有生产车间升级为自动化智能工厂，用机器代替人工的办法提升整体运营效率。同时，他还要搞末位淘汰制，要求员工竞争上岗，淘汰一批落后员工。对于被裁员工，他计划将他们介绍到别的企业去。
>
> 员工听说要裁员，觉得现在企业的氛围不好，新领导说的那些技术他们都听不懂。竞争上岗让他们压力很大，尤其是老员工，他们开始担心针对淘汰员工的安置计划并不能妥善安排他们的去处。当初跟老厂长一路打拼、相处得像家人一样的他们，很不适应现在的管理风格。

### 任务说明

你们团队要开会讨论是否投资这家企业。你要在会上发言，分享自己的看法。

**领导**：你比较熟悉中国企业，我想听你从企业传承的角度说说：
你认为这个企业面临的主要矛盾是什么？
有什么解决办法？
我们公司是否可以投资这家企业？为什么？

**同事**：说说该企业接班人的类型，并对比两代领导人。
用具体的信息证明你的投资意愿是合理的。

### 任务要求

1. 发言内容符合各方要求。
2. 发言时间不超过 10 分钟。

# 第 4 单元　商业习俗：取名与开业

## 学习目标

1. 理解商家起名背后的文化考量。
2. 了解中国的财神信仰与行业神崇拜。
3. 能设计本土化的商业活动及商业仪式。

**热身　步入商界**

某公司准备开业，请你为该公司设计开业仪式及当天的前台布置。

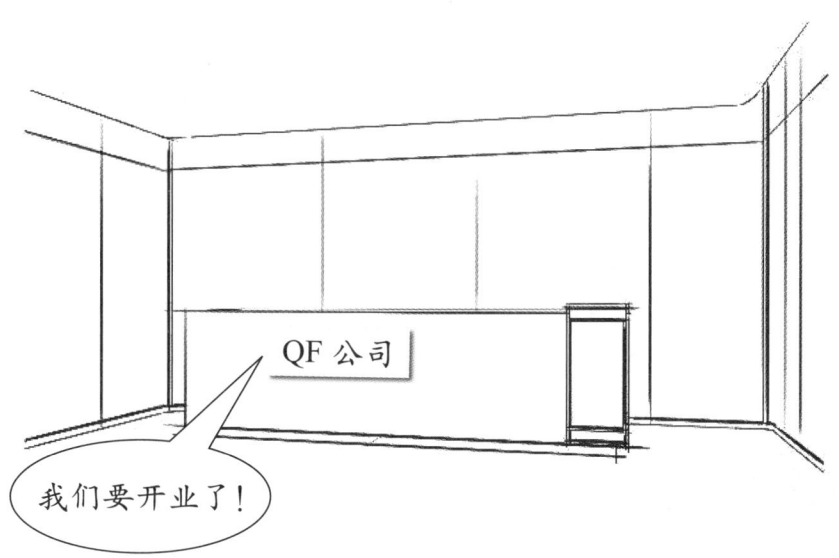

## 商业知识

### 企业仪式（Enterprise Rituals）

企业在经营管理中，会形成一些标准、程序、时空都相对固定的程式化的集体行为，商业上称之为"企业仪式"。企业仪式具体可以分为三类：

- 工作仪式：企业日常经营管理活动中常规性的活动，如工作晨会、培训会等。
- 生活仪式：企业开展的与员工生活直接相关的各种活动，如运动会、演讲比赛等。
- 纪念性仪式：对企业具有重要意义的纪念活动，如周年庆典、年会等。

开业仪式就属于纪念性仪式，它标志着一个经济实体的成立，不仅是为了展示企业的经济实力与形象，也是为了增强员工的自豪感、责任心和凝聚力。

## 本单元重点　知识充电

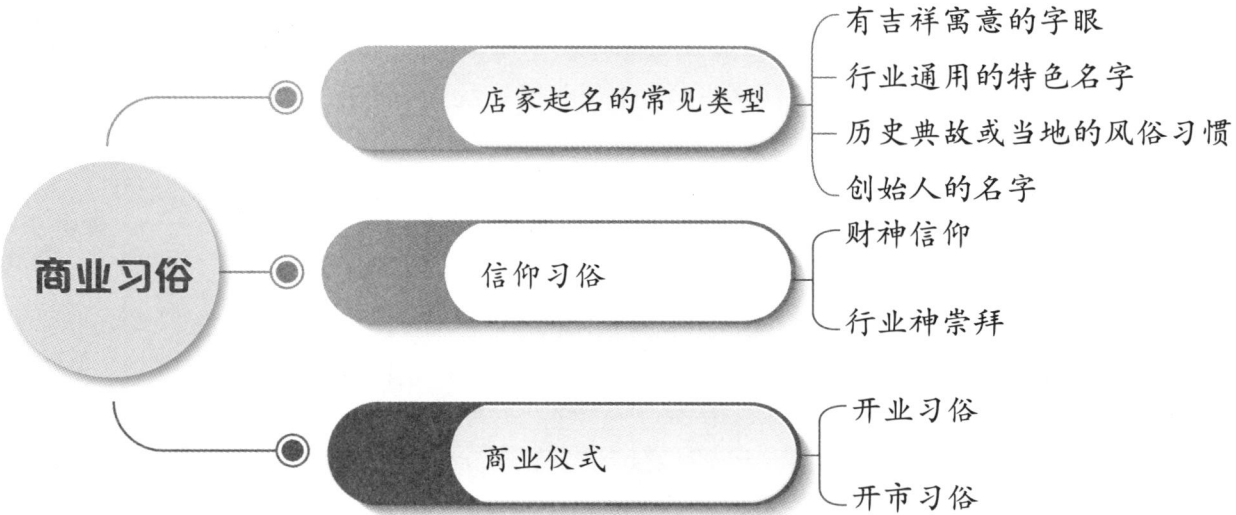

**（1）商业习俗**

商业习俗是由民众传承、具有相对固定的表达方式且与民众的日常交易活动息息相关的习俗惯制，它广泛存在于商业生活中，并对民众的行为起到一定的约束作用。

**（2）行业神**

行业神又称行业守护神、行业保护神，是从业者供奉的用来保佑自己和本行业利益并与行业特征有一定关联的神祇。

第 4 单元　商业习俗：取名与开业

> **案例思考　课堂讨论**

1. 请写出你知道的含有以下汉字的商家店名。

发　隆　昌　盛　福　德　兴　同　裕　芳　祥　吉　庆　泰　富
茂　怡　恒　润　广　宁　仁　翔　顺　寿　光　亨　美　悦　康

> **思考**　请说出下列这些店名的由来。

王开照相馆　状元楼　沈大成点心店　百度

> **延伸性思考**

你还知道哪些企业用了类似的起名方式？

2. 查资料，将左列的行业与右列对应的行业神连起来。

| 茶叶行 | 杜康 |
| 建筑业（木匠） | 吴道子 |
| 棉纺业 | 孙思邈 |
| 酒业 | 鲁班 |
| 制药业 | 陆羽 |
| 绘画业 | 黄道婆 |

**3. 请为即将开业的商家选择一个可置于前台的财神，并说明理由。**

**赵公明：**

又称赵元帅或赵公元帅，一般被民间视为正财神，职责是掌管人间的金银财宝。其形象多为黑面浓须，身穿战袍，手执铁鞭，周围还有聚宝盆、元宝等宝物。

**范蠡：**

传说中的文财神。他是春秋战国时期的政治家和谋略家，同时又是一位善于经营和理财的大商家。

**关羽：**

即关公。他是蜀汉大将，因其重信用和讲义气而被民间奉为武财神。

**福禄寿三星：**

禄星主管官员俸禄，本来只有他是财神，但因为福禄寿三星通常都被一起供奉，所以福星和寿星也一起被视作财神了。禄星通常手持如意，寿星手捧寿桃，福星则手抱孩童。

## 课文　资料研读

# 小店名，大智慧

人们开门做生意，特别注重店名的意义与艺术。某种程度上说，店名对于店家而言是一种无形的资产，店名往往凝聚了社会、文化、时代、心理、审美等各个层面的丰富内涵，所以商店命名就像是一面镜子，反映了种种社会心态。

首先，修辞的运用是商店命名的一大特色。在店名中最常见的修辞手法主要有引用、比喻、重叠、仿拟、双关。

（一）引用

引用这种修辞手法在店名中用得比较广泛，店名中使用社会生活中现成的字眼即引用。在北京有一个叫"孔乙己"的店铺，所有路过的人都会忍不住谈论一下这家店铺。之所以取得这样好的广告效应，是因为这个店名引用了鲁迅的名篇《孔乙己》中主人公的名字。以此作为店名，这家店铺很快有了知名度。

（二）比喻

比喻是我们常见的一种修辞手法，在商店店名中也经常使用。比如，北京后海有一家酒吧，叫"空中后海5号花园"。这个店名就运用了比喻的修辞手法，比喻这家酒吧就像空中花园一样美丽。通过比喻手法，店家可以把自己对店铺的希望、对顾客的祝福和承诺表达出来。

（三）重叠

这一修辞手法在现代汉语里又叫反复。在店名中，这种修辞手法也非常常见。比如在调查北京的店名时，我们发现，有十多个店名采用了重叠的修辞手法，如"天天隆兴""栗栗香"等。其中，"栗栗香"这个名字起得很有艺术感，它容易让人联想到"粒粒香"，这样精练的三个字不仅让顾客知道了店家卖什么产品，而且也暗示了店家产品质量优。

（四）仿拟

仿拟是在引用习用语言形式的基础上，对其中的字、词、句、调进行改造的一种方式。在店名中使用这种修辞方法能给人耳目一新的感觉。这种方法用好了收到的效果也是事半功倍的，比如"饭饭而谈"这个店名巧妙地利用了成语"泛泛而谈"，既吸引人，又直接明了地告诉人们这是一家饭店。

（五）双关

双关是在特定的语言环境中，借助语音或语义的联系使语句同时关涉两种事物。最典型的店名就是"你好吧"，"你好吧"既是向顾客问好，又表明该店铺是酒吧。

总之，各种修辞手法的使用使得店名越来越有意义。而细品中国各种各样的店名，我们就会发现店名其实还反映了中国人的传统社会心态。

综观汉语中的店名，我们可以发现有三种主要的社会心态贯穿其中。

（一）求福、求顺、求安宁的社会心态

自古以来，中国人就有求福、求顺、求安宁的社会心态。人们见面问候或祝福都喜欢用表达幸福、富贵、平安的词语。人们给自己的子孙后代起名字也喜欢用带"福"带"贵"的字，比如幸福、来福、富贵、贵宝等等。有很多店名也体现了这种社会心态。店名中的福、顺、安、永乐、和平、久泰等都是充满吉祥之意的词语。通过这些富有深意的店名，人们对美好生活的向往，对生意兴隆、生活幸福的热烈追求被淋漓尽致地表现了出来。

（二）重宗族的社会心态

中华民族是一个重视宗族关系的民族。自古以来，从上到下，中国人都把宗族关系看成是社会结构中的重要组成部分。老百姓往往把本宗族的居住地当作自己生活的乐土，给自己生活的地域冠上自己的族姓，如石家庄、郝新庄、朱王庄、王店等等。姓在中国人看来，是宗族的专名标志，是家族的旗帜，用姓做地名充分表达了中国人重宗族的社会心态。同样的，在店名中，很多商家也喜欢冠上自己的宗族地域或姓氏名字，以此来与其他类似的店家相区别，这同样也是一种重宗族的社会心态。中国人家族至上的精神和清晰的家族意识自然使人们产生重宗族的社会心态。用族姓、名字、地域做店名可使族姓、人名和地名代代相传，名扬四方。

（三）龙凤崇拜的社会心态

中华民族是极其崇拜龙和凤的，在中国各地经常可以看到舞龙的活动，在端午节一些地方还会组织赛龙舟等活动。每当新人结婚，他们的门上、窗户上常常会贴上"龙凤呈祥"的剪纸。龙和凤奇妙的神力寄托着中华民族的理想，形成了中国人的另一种社会心态。这种心态也常常体现在店家起名上，比如非常著名的老字号"老凤祥""龙凤旗袍"等等。

总而言之，店名反映了店家渴望吉祥、富贵、幸福、繁荣、昌盛的传统社会心态，反映了店家希望能给自家带来好运、满足顾客追求美好愿望的心理。在市场竞争日益激烈的当今社会，商店的命名本身也已经成了商业活动的一部分，一个好的、耳熟能详的店名，其功用与价值已远远超出名字本身。店名已经成为一种无形资产，是企业形象的代言人，也是企业文化的凝聚物。

（改写自《小店名，大智慧——店名的修辞运用与所体现的社会心态研究》，赵裕芬，《青年文学家》，2009年第21期）

## 练习　理解与思考

1. **请分别说明不同的修辞手法在商店起名中的运用。**

2. **店名反映了哪三种中国传统的社会心态？**

3. **请用店名举例说明中国人龙凤崇拜的社会心态。**

## 任务　跨文化实践

### 情景与角色

假设你是某电视台文化频道的记者,刚接到一个任务,要求你在《走遍中国》这个节目中介绍一些在华知名企业,并说出这些企业的名称所蕴含的文化。

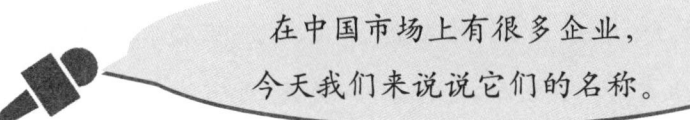

在中国市场上有很多企业,今天我们来说说它们的名称。

### 任务说明

根据观众和电视台领导的要求,介绍一些在华企业的中文名称。

观众：想了解在中国知名度较高的外国企业有哪些,它们对中国经济发展有什么影响。

领导：分析一下这些企业的命名方式。
说说这些企业的名称反映了什么文化心理。

### 任务要求

1. 展示企业的基本信息（中文名称、标志、成立时间、来源国、行业等），介绍企业名称并解释它们的含义,进一步介绍一下企业名称中蕴含的修辞手法。
2. 内容符合各方要求。
3. 介绍时间不超过10分钟。

# 第 5 单元　民俗经济

## 学习目标

1. 了解民俗经济的表现形式。
2. 学习民俗经济的相关案例。
3. 能尝试从民俗经济的角度策划产品和商业活动。

**热身　步入商界**

假设你在一家旅行社工作，你们公司和竞争对手都在经营一条本地的旅游线路。为了吸引消费者，公司提出了以下四种产品方案。请结合本地特点思考：

- 以下方案想从什么角度策划顾客的旅游体验活动？
- 这个旅游产品是否还可以有别的设计角度？

方案一 "农家乐"

方案二 "游动"

方案三 "森呼吸"

方案四 "研学游"

## 商业知识

**产品差异化（Product Differentiation）**

除了某些特殊的领域，在大多数行业中，同一品类产品往往数量庞大。为了在激烈的竞争中胜出，企业往往在开发、生产产品的过程中，有意制造区别于其他同类产品的特殊性，从而使消费者产生偏好。产品的差异化是形成竞争优势的一种策略。

产品的差异化可以从价格、技术、功能、文化等角度实现。在一些经济领域或行业，企业纷纷通过与某种文化元素的结合，实现有形产品或无形服务的差异化，由此形成"经济＋文化"的社会经济现象。

## 本单元重点　知识充电

**（1）节日经济**

节日经济指人们利用节假日集中消费、集中购物的行为带动供给、带动市场、带动经济发展的一种系统经济模式。

**（2）民俗旅游**

民俗旅游指人们离开惯常住地，到异地去以地域民俗事象为主要观赏内容而进行的文化旅游活动。

第 5 单元　民俗经济

## 案例思考　课堂讨论

**1. 下列关于"七夕经济"的新闻报道中提到了哪些商家?**

今天是农历的七月初七,也是中国传统的七夕节。在山西太原,大街小巷洋溢着浪漫的气息,特别是鲜花、首饰、特色餐饮等都迎来了消费热,带动着"浪漫经济"的升温。

记者在太原市多家花店了解到,商家已提前备货,迎接销售高峰,特别是玫瑰、百合等鲜花深受欢迎。

花店工作人员:"我们的销量是非常好的。今年年轻人选择比较多的是粉紫、粉蓝这样比较清新的色系。"

工作人员介绍,今年前来订花的客户群体也有所变化,越来越多的中老年人也浪漫起来。除了鲜花,各类首饰也成为热销的节日礼物,特别是黄金饰品受到年轻人青睐。

饰品店工作人员:"最近的客流比之前翻了一番。年轻人选的比较多的是一些可以DIY的转运珠手串,还有一些K金的项链,或者是一些黄金古法的手链、手镯。"

记者了解到,不少商家把创意产品与传统节日相结合,赋予七夕更多文化内涵和创新,同时推出七夕主题活动,让更多人喜爱传统节日,进一步带动消费升温。

**思考**　七夕节还能带动哪些商家的销售?

**延伸性思考**

分组讨论与中国传统节日(春节/元宵/清明/端午/中秋/重阳/冬至)有关的"节日经济"现象。

**2. 查阅资料，并从民俗经济的角度分析成都锦里古街的商业化模式。**

（1）锦里古街的街面设计有什么样的特点？

（2）锦里古街的商家分别属于哪些经营类别？

> 思考　分析锦里模式（包括管理模式）的意义和古街热现象。

## 课文　资料研读

## 民俗文化带热端午消费

端午节与双休日"相遇"，民俗文化＋小长假出游，既传承端午文化和习俗，又打卡热门景区。

端午消费首先是浓郁的"粽"情。年年有端午，岁岁有新意。从花样百出、线上线下销售火爆的粽子，到包粽子、佩香囊、系五彩绳等民俗活动，传统的端午节洋溢着越来越多的时尚范儿。围绕"粽子"这一端午节的文化符号，市场的消费潜力也得到了完全释放。天猫平台显示，进入6月，在天猫搜索关键词"粽子"的人数大幅增加，粽子销售额同比增长了44%，主打"低脂"概念的粽子销售额增长更是将近200%。消费者对传统节日食物的需求依旧保持高位，并出现明显的健康化趋势。

全国各大商超紧抓以粽子为主题的"端午商机"，各种带有端午元素的商品一应俱全，节日味儿十足。各大超市都在显眼位置设置粽子专区，供市民挑选；一些咖啡店、蛋糕店则推出特色风味粽子，加上靓丽包装，吸引消费者购买。

6月14日，北京市商务局发布的数据显示，端午节假日期间，北京市商务局重点监测的百货、超市、专卖店、餐饮和电商等业态百家企业实现销售额31.5亿元，同比增长29.5%。各大商圈丰富夜间活动，商圈客流同比增长40%以上，拉动夜间消费人次同比增长21.3%。

同时端午习俗引发文化消费，不少消费者热衷于佩香囊、系五彩绳、插艾草、包粽子、穿汉服，在颇具仪式感的消费中感受中华传统文化的魅力。一家电商平台的数据显示，今年5月，平台上汉服配饰的成交金额同比增长接近200%。汉服这个曾经的小众文化正在不断"破圈"，也支撑起背后一个高达百亿元的市场。

电影市场同样火爆。据猫眼专业版数据，截至6月14日14时45分，2021年端午档票房破4亿元。其中，6月12日档期首日放映场次43.7万场，刷新端午档单日场次最高纪录。

此外，作为上半年最后一个小长假，端午节期间居民出游热情高涨。经文化和旅游部数据中心测算，2021年端午节假期，全国国内旅游出游8913.6万人次，实现国内旅游收入294.3亿元，同比增长139.7%。交通运输部发布的信息显示，端午假期3天，全国铁路、公路、水运、民航预计共发送旅客1.24亿人次，日均4123.2万人次，比去年同期日均增长52.5%。携程数据显示，端午期间，平台整体订单同比增幅达83%，其中门票、租车、主题游等业务增长最为显著。

端午消费火热，也与各地发放补贴红包、打折促销、发掘"夜经济"等新一轮促消费活动不无关系，消费市场出现叠加效应。端午节前夕，北京、上海、长沙等城市陆续发放数十万份数字人民币红包。据了解，这批数字红包的使用范围覆盖交通出行、餐饮住宿、购物消费、旅游观光、医疗卫生、通信服务、票务娱乐等，有效促进了假期消费。夏季来临，夜间消费也成为本轮促消费的重要发力点。近期，北京、上海、南京、西安等城市纷纷推出相关举措，打造"食、游、购、娱、体"等多元化的夜间消费市场，加大开发"夜经济"的力度。总而言之，这个端午小长假期间人们玩出了新花样，民俗消费和旅游消费由此获得了新商机。

（改写自《民俗活动催热端午旅游消费市场》，
蔡恩泽，《中国审计报》，2021年6月21日）

## 练习　理解与思考

1. 根据文章内容，举例说明以粽子为主题的"端午商机"。

2. 端午习俗引发的文化消费体现在哪些方面？

3. 各地为了促进端午节的假期消费采取了哪些举措？

## 任务　跨文化实践

### 情景与角色

我们是一家以中国入境游业务为主的旅行社，在中国主要省份均设有业务网点，拥有多家著名景区、景点的推广销售权，平均接待境外游客60多万人次/年。公司拥有强大的旅游线路设计能力，以及丰富的组织、接待经验，连续3年被《环球旅游》杂志评为"十大创新旅行社"之一。

第 5 单元　民俗经济

　　假设你在你们国家的这家旅行社工作,为了提高市场竞争力,你们现在打算设计新的特色旅游线路。

### 任务说明

你负责策划以"民俗体验"为主题的特色旅游线路。

　我们去中国旅游,就是想体验当地的特色文化,感受当地人的生活。

　旅游时长:四天三晚。
选择当地的某个民俗产品,在行程结束时作为纪念品赠送给游客。

### 任务要求

1. 选择中国的一个城市作为旅游目的地。
2. 体验内容涉及餐饮、建筑、风俗、服饰、戏曲、交通等方面(至少包含 3 个方面)。
3. 展示并介绍设计方案,时间不超过 8 分钟。

# 第 6 单元　话说老字号

## 学习目标

1. 理解"中华老字号"的定义。
2. 了解老字号的发展现状及面临的挑战。
3. 对老字号进行深度的案例分析。
4. 针对老字号案例提出合理化建议或发展策略。

**热身　步入商界**

假设你在一家广告公司工作,你的几位同事为一个客户设计了以下的品牌形象广告,请分别指出它们的卖点,并选出最能体现老字号精神的方案。

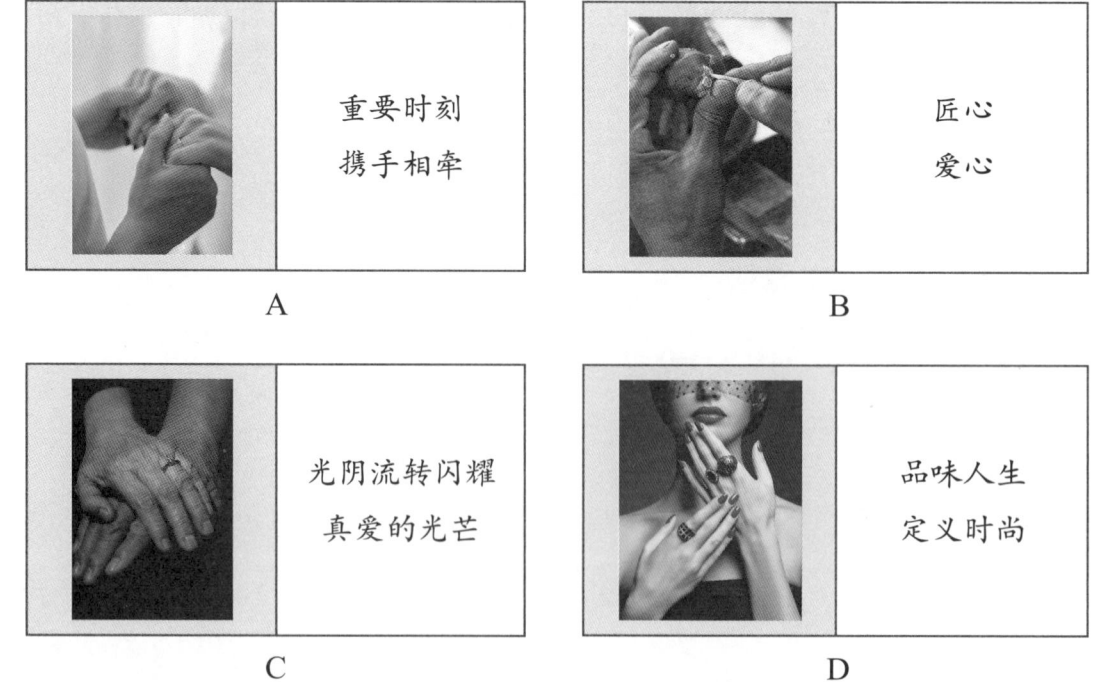

| 重要时刻 携手相牵 | 匠心 爱心 |
| A | B |
| 光阴流转闪耀 真爱的光芒 | 品味人生 定义时尚 |
| C | D |

## 商业知识

**品牌精神**（Brand Spirit）

品牌原本是一种方便顾客区分不同企业及业务的标记。然而，随着商业的发展，品牌在经营过程中逐渐具有了包含个性、情感、品位等因素在内的文化意义。品牌精神可以表现为具有代表性的人物、事件、信念、思想等。品牌精神因行业、地域、历史传统和现实追求的不同而各异。

品牌精神是老字号企业的灵魂。老字号的价值和生命力源于优质产品，更来自敬业、精益、专注、创新的"工匠精神"。中国的老字号就是这种品牌精神在中华民族文化中的长期积淀和集中体现。

## 本单元重点 知识充电

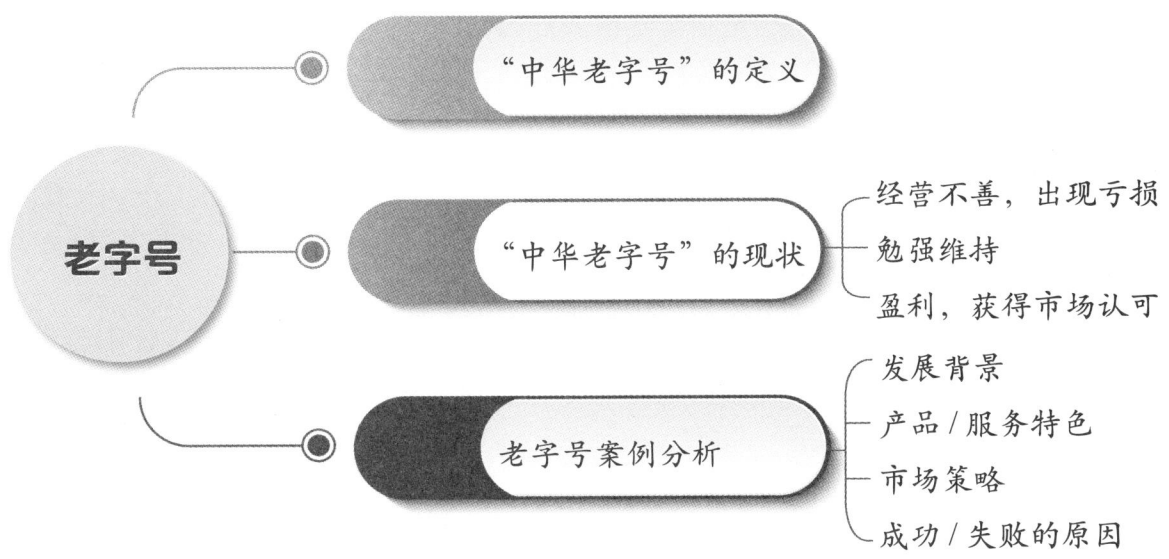

## （1）中华老字号

中华老字号（China Time-honored Brand）指历史悠久，拥有世代传承的产品、技艺或服务，具有鲜明的中华民族传统文化背景和深厚的文化底蕴，取得社会广泛认同，形成良好信誉的品牌。

## （2）工匠精神

工匠精神是从业人员的一种职业价值取向和行为表现。它是从业人员尤其是工匠们对产品精雕细琢、精益求精的理念，是不断雕琢产品、改善工艺、享受产品升华的过程。工匠精神的核心是对品质的追求，其目标是打造本行业的精品。

## 案例思考　课堂讨论

**1. 请简要介绍下列图片中的上海老字号及其特色产品。**

### 延伸性思考

（1）上述老字号品牌的现状如何？

（2）你还了解哪些老字号品牌？

**2. 阅读材料，尝试归纳部分上海老字号品牌衰落的原因。**

二十世纪八十年代末至九十年代初，上海很多品牌竞相与外地企业联营，并将技术、工艺等毫无保留地教给合作方，培养了强劲的竞争对手。如上海永久自行车公司当时在外地成立了几十家联营企业或分厂，结果有的联营方因质量不佳砸了上海品牌的招牌；有的联营方一旦合作期满，立马另起炉灶，自创品牌，成为上海品牌强劲的竞争对手。

曾经以质量取胜的金星牌电视，以所谓的"成本倒退法"来降低成本并与"长虹"大打价格战，不仅未能提高市场份额，反而牺牲了宝贵的品牌质量。

曾率先获得国家质量"金质奖"的上菱冰箱，在产品供不应求的情况下，未能及时扩大冰箱的生产规模，反而盲目投入空调和微波炉等产品的研发和生产，又因空调、微波炉产品质量不佳，只能与紧俏的冰箱捆绑销售，用冰箱的利润来弥补空调和微波炉的亏损，最终失去扩大冰箱市场规模和与"海尔"等品牌竞争的宝贵良机。

**延伸性思考**

老字号品牌衰落的原因有哪些？可从品牌宣传、城市定位、消费习惯等方面考虑。

## 3. 请根据大白兔奶糖的成长史，思考重振老字号的发展策略。

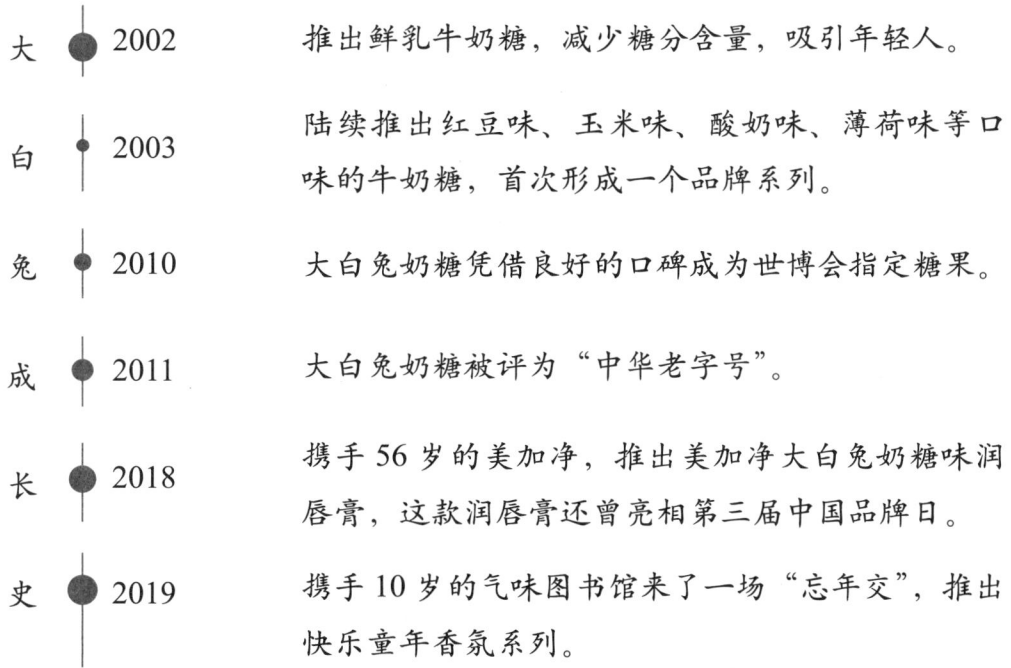

（1）大白兔奶糖这一老字号从哪些方面入手采取了哪些措施？

（2）别的品牌能否借鉴这些措施？

## 课文　资料研读

## 老字号如何迎接新发展

**正在老去的品牌**

近些年来，中国的品牌建设总体上取得了很好的成绩，但还存在很多问题，尤其是很多老字号品牌的传承与发展出现问题。老北京街头巷尾曾经流传着一句俗语"头顶马聚源，脚踩内联升，身穿瑞蚨祥，腰缠四大恒"，这句俗语说的就是老北京的四家老字号。这些老字号随着时代变迁，逐渐消失在人们心中，风光无限的老品牌显现出无法与时代同行的疲态。商务部数据显示，在被认定的1128家"中华老字号"中，仅有10%发展状态较好，其余大部分都存在着经营问题。产品老旧，创新动力不足，经营方式落后，市场反应慢，品牌口碑差，无法吸引年轻的消费者，这些都成为不少老字号心中的痛。

2020年5月11日，162岁的餐饮老字号"狗不理"宣告退市，网友评论"可惜"的同时也感叹其自身亦有问题。"狗不理"总店在某平台上约1.2万条的评论中竟有近千条差评——"服务差""价格贵""口味一般""不值"等是诸多消费者对"狗不理"的印象。对于这些网友或好或坏的评论，"狗不理"店铺始终未做出解释或实质性的改进，这种不关注年轻消费者的心声，仅以情怀作为营销手段的行为最终以"狗不理"陆续关闭十余家门店和退市告终。

**逐步成长的新一代**

市场始终关注着年轻的消费者，因为这是一个消费人口基数和增长潜力都巨大的群体。不论是哪一个时代，在发展过程中，年轻人的力量对品牌推广与市场营销活动的影响都十分巨大。科学研究表明，消费者年轻时所形成的消费习惯和理念对其终生消费有着重要影响，获得年轻人的关注和喜爱是品牌获得生生不息动力的源泉。2018年中国国家统计局数据显示，1995—2009年在中国出生的人口总数约为2.6亿，约占2018年总人口数的19%。这一代人的成长伴随着中国经济高速腾飞、全球化速度加快、互联网信息技术发展等，他们的消费行为也深受这些环境因素的影响，例如：物流运输业和网络的发达让他们不受时间地点的限制，更加频繁地进行消费；碎片化的信息让他们的注意力更为分散；电视购物和节目中广告植入的狂轰滥炸让他们早早地接触到广告；微信、QQ、微博等社交媒体的社群传播更是让营销进入他们生活的每一寸空间；精准营销技术的成熟让他们更加主动关注与自己价值观调性相符合的产品；社群性让他们非常注重品牌的口碑；全球化让他们认识到世界的多元性。当代的年轻消费者似乎对市场拥有着更多的包容性，但一些老字号、老品牌却因为过于守旧、不努力拓展新的消费群体，导致品牌知名度和美誉度都大打折扣，市场占有率下降。互联网带来的快节奏使得市场形势更加瞬息万变，年轻人的注意力被分散。如何吸引年轻人的目光，获取他们的喜爱，是新兴品牌与老品牌都必须要重视的问题。

**如何做好"高龄"的年轻品牌**

老字号、老品牌曾在它们的时代广受追捧，而今这些品牌已经"高龄"，如何让这些品牌更受年轻人喜爱，从近几年来成功做到品牌年轻化的案例中可得到如下经验。

(一) 创新产品，引领市场潮流

品牌的核心始终是产品，如果产品不顺应时代潮流，那么品牌做再多的努力也难以成功年轻化。

"以前只知道老凤祥是知名老字号，是妈妈辈喜爱的珠宝品牌，没想到现在也出了这么多兼具设计感和时尚感的新品，我打算入手一件。"在店内，一位消费者指着一枚炫酷兔子形态的金吊坠说。这是老凤祥为迎接兔年特别推出的国潮金饰"兔nice"系列，该系列将潮玩和生肖融合起来，深受年轻人的喜爱和好评。随着时代审美的变化，老凤祥在产品上也不断推陈出新，以更加时尚潮流的设计迎合年轻消费群体。过去，老凤祥为婚嫁场景设计的金银首饰样式传统，造型雍容华贵。近年来，老凤祥在保留传统金银文化精髓的同时，推出了更加简约时尚、动感轻巧的"凤祥喜事"系列新品。跨界联名往往是老字号品牌获取流量的不二法宝，自2016年上海迪士尼乐园开园以来，老凤祥每年都会与迪士尼联名推出数款新品，持续吸引中青年消费群体的目光。由此可见，作为一家跨越了3个世纪的民族珠宝品牌，老凤祥在创新工艺技术、产品形态方面也正朝着年轻化、时尚化、国际化方向不断进发。

（二）拥抱互联网，进行新媒体营销

互联网时代，一方面信息量爆炸式增长，消费者的注意力越来越难被捕获；另一方面消费者决策对品牌口碑影响越来越大。而年轻人作为网络的重要参与者，既能制造话题又能影响舆论。时时刻刻了解年轻消费者群体的话题，跟随热点，才能更容易吸引消费者的注意。这让品牌必须要进行传播手段改革，关注互联网，进行新媒体营销。

创立于1931年的"百雀羚"曾是中国消费者护肤品首选的品牌，随着全球化进程的推进，国外品牌进入中国，国产护肤品逐渐淡出年轻消费者的视线。为了改善经营条件，百雀羚进行了多项年轻化改革，其中最值得借鉴的就是传播年轻化。广告投放层面，百雀羚连续三年拿下热播综艺节目的独家特约。热播综艺的广告植入提高了百雀羚在年轻人心中的知名度。在代言人方面，百雀羚选用年轻人喜爱度高的明星，签约的代言人都拥有极高的知名度和庞大的粉丝数量。通过大力投入冠名节目和请代言人，百雀羚成功地让自己的品牌产品销量年年高升。2018年百雀羚集团在中国时尚零售行业以230.1亿元的营业收入位居第五，2019年"双十一"百雀羚以8.56亿元的全网销售额获得国妆品类冠军。

（三）拥抱新零售，拓宽销售渠道

传统线下店铺的点位销售模式已经很难实现大幅度的利润增长，年轻人大多爱在线上进行购物，拥抱新零售是老字号应该有的新思维。

"五芳斋"作为中国老字号，是最早开始研究新零售并且付诸实践的企业之一。线下，2018年，五芳斋两家智慧门店开业，排队、点餐、取餐、结账全由消费者自主依靠系统完成，这一便捷的消费系统迅速获得年轻客群的认可。线上，五芳斋入驻天猫平台，2018年端午期间，五芳斋粽子在天猫平台的市场占有率为50%左右，高峰期旗舰店单日销售额突破1200万元。此外，五芳斋也与支付宝、大众点评等深度合作，尝试新的业态组合，增设外卖运营服务等。坚持创新，在一次次自我改变中突破，这让五芳斋餐饮在中国餐饮老字号品牌创新力指数排名中领先，成了年轻人喜欢的老字号，成为一个"100岁"的年轻品牌。

**总结与展望**

品牌年轻化不完全等同于消费者年轻人化，而更多的是目标市场的年轻化，即使是年老的消费者，消费习惯也会随着时代与技术的变革而变更，线上购物的普及就是最好的例证。

与外来品牌相比，独特的历史价值和消费者情感是老字号天生的优势，在这个变更与发展都十分迅速的时代，老字号不应该一直囿于过去的辉煌，一成不变地进行市场活动，而应该不断地与时俱进，适应新时代的新要求，进行品牌年轻化才更能与消费者产生共鸣，在市场竞争中获取更多机会。

（改写自《品牌年轻化：老字号如何迎接新世代》，李桂华、胡纪雯，《金融博览》，2021年第5期）

## 练习　理解与思考

1. "狗不理"退市的主要原因是什么？

2. 年轻消费者的消费行为受什么因素的影响？表现出怎样的特点？

3. 请举例说明实现品牌年轻化的具体做法。

## 任务　跨文化实践

### 情景与角色

假设你们是某个商学院的研究团队,最近的研究课题是"中国的老字号"。课题负责人要求每个研究小组研究一家老字号企业,并在课题讨论会上进行分享。

### 任务说明

**你的组员**：我们选一家现在还在经营的老字号。

**其他小组**：我们想知道这家老字号的以下信息：
(1) 发展历史；
(2) 产品／服务特色；
(3) 经营现状（市场表现、评价等）。

**课题负责人（老师）**：请说说你们组的思考：
(1) 这家老字号的成功经验或失败教训；
(2) 关于企业未来发展的建议。

### 任务要求

1. 小组合理分工,合作完成调查。
2. 调查后口头报告结果,时间不超过10分钟。
3. 调查内容符合各方要求。

# 第 7 单元　诚信兴商

## 学习目标

1. 了解中国历史上的商帮及商人精神。
2. 理解商帮文化中的诚信思想及其现实意义和价值。
3. 能运用典型案例阐释中国传统诚信观对现代企业和商家的启示。

### 热身　步入商界

理解以下企业文化或经营理念的含义，找出它们的相同点，并分析这些企业拥有这一相同企业文化/经营理念的原因。

| 序号 | 企业 | 成立时间 | 国家 | 企业文化/经营理念 |
| --- | --- | --- | --- | --- |
| 1 | 同仁堂 | 1669 年 | 中国 | 诚信为本，药德为魂 |
| 2 | 胡庆余堂 | 1874 年 | 中国 | 戒欺、真不二价 |
| 3 | 通用电气 | 1892 年 | 美国 | 坚持诚信、注重业绩、渴望变革 |
| 4 | 三星 | 1938 年 | 韩国 | 诚实、透明、道德 |
| 5 | 宜家 | 1943 年 | 瑞典 | 诚信、创新、服务、共赢 |
| 6 | 京瓷 | 1959 年 | 日本 | 以心为本 |
| 7 | 家乐福 | 1959 年 | 法国 | 客户至上、品质保证、价值创新、诚信经营 |
| 8 | 华为 | 1987 年 | 中国 | 以利益为纽带、以诚信为基础、以规则为保障 |
| 9 | 光明村 | 1994 年 | 中国 | 诚信经营，放心消费 |
| 10 | 阿里巴巴 | 1999 年 | 中国 | 因为信任，所以简单 |

## 商业知识

**信任经济**（Trust Economy）

信任经济作为一种现象，指的是在经济活动中，信任成为一种有价值的社会资本。它能降低交易成本，促进合作，提高市场效率。信任的建立需要时间，但一旦形成，可以成为个人或企业宝贵的无形资产；而信任的破坏则会导致重大损失。比如信用卡就是信任经济的一种体现，信用卡通过信用机制促进了消费和经济的流动。

企业通过诚信经营建立商业信誉，获得客户的信任，从而建立商业关系，实现可持续发展，这也是信任经济的体现。诚信是个体或组织在行为上展现的诚实、守信和道德正直。商业史上无数企业的实践使全世界取得了一个共识："诚信"这一美德是个人和企业在商界乃至全社会行走的金钥匙。

## 本单元重点  知识充电

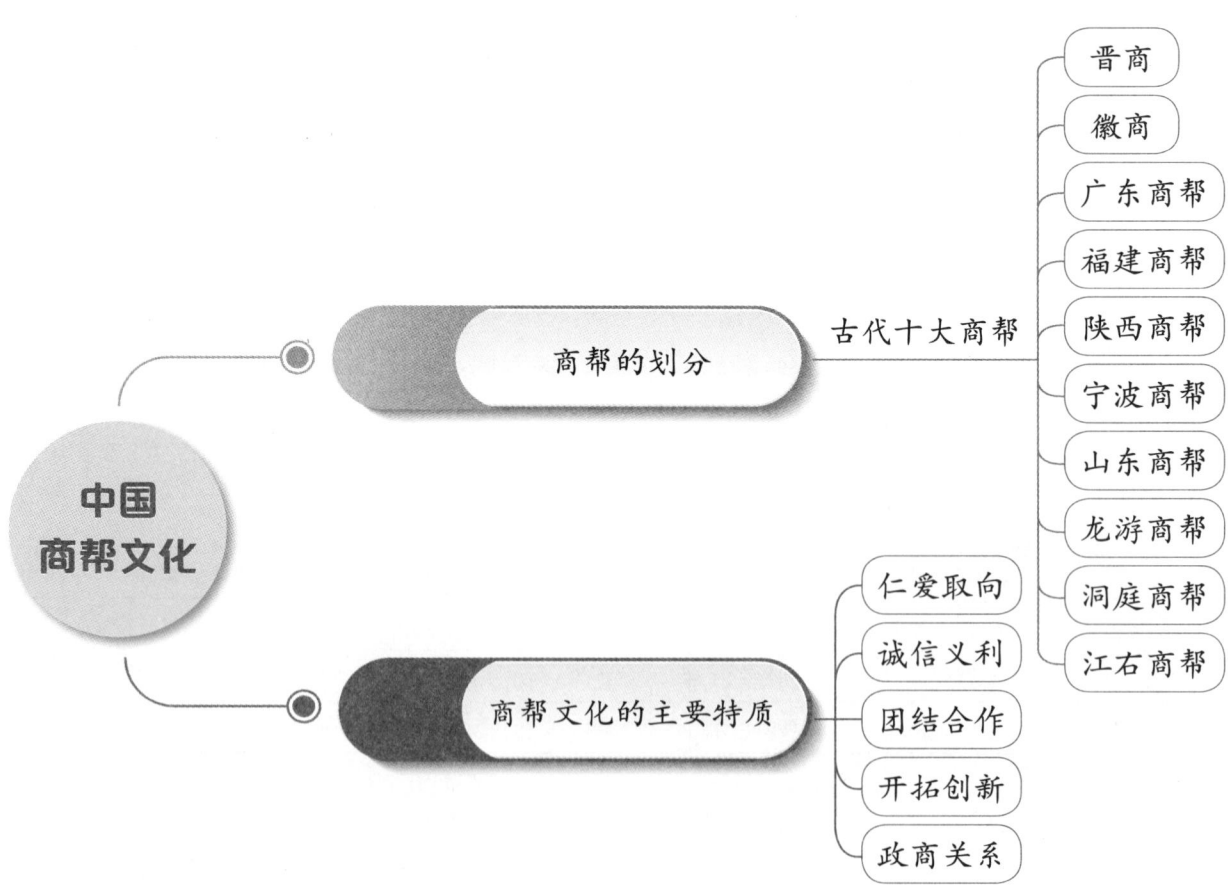

## 第7单元　诚信兴商

### 商帮文化

商帮指的是历史上以亲缘和地域为纽带，依托地域空间并以血缘、习惯、约定俗成、信任为契约基础的介于市场和企业间的中间性组织。各商帮在发展的过程中形成了包括商业智慧、商业精神、商业道德、商人价值等在内的独特的商业文化。

### 案例思考　课堂讨论

1. **据研究，历史上的晋商多尊奉关公，可以说只要有晋商票号或者商铺的地方，都会有关公供台。你知道这是为什么吗？**

（图为山西运城的关公铜像，为目前世界上最高最大的关公雕像）

2. **阅读以下材料，回答问题。**

> 清朝末年，包头城的乔家"复盛公"商号贴出了一张轰动全城的致歉信。事情的起因是分号的一家油坊把前一年剩下的棉籽油悄悄掺在了胡麻油中出售。
>
> 被发现了以后，乔家采取了几个措施：第一，处理涉事员工；第二，现存的胡麻油全部销毁；第三，已经售出的予以赔偿。
>
> 从此以后，一传十，十传百，"复盛公"名声大震，人们相信乔家"复"字号，纷纷到"复"字号里买胡麻油。
>
> 有德则有财，乔家的举动，虽损失了不少银钱，但却赢得了守信的美名。商人们因此更愿意与"复"字商号做买卖，"复"字商号的生意也越做越大。
>
> 乔家"复"字号的祖训是什么？——义信利
>
> 我祖父贵发公在这儿立下的规矩不会变。我们乔家可以亏银子，但是不会亏信义，也不会亏良心。

（1）文中的"乔家"属于哪个商帮？

（2）"复盛公"商号为什么贴出致歉信？

（3）这个故事说明了什么？

**延伸性思考**

上网查一查徽墨制造者胡余德和他的胡开文墨业的类似故事。

**3. 这块悬挂于胡庆余堂的"戒欺"匾额让你想到了什么？**

## "诚信兴商"光明邨[①]

作为著名的餐饮品牌，上海光明村实业有限公司拥有三家光明邨大酒家及一家主要为老年人供应爱心餐的光明邨配餐分公司。历经几代人的努力，"光明邨"始终坚持"品质至上、诚信兴商"的理念，强化管理，严控品质，在消费者心中建立起了优质、亲民的形象，荣获如"国家一级酒家"等众多荣誉。光明邨大酒家门口常年排队的顾客也成为淮海路上一道独特的风景线。

**秉持工匠精神、坚持传统工艺**

若要味道好，先要食材好，在"吃饭店"这件事上，上海人是很讲究实惠的，"实惠"指的不仅是价格合理，更是菜肴味道好，菜肴一定要好吃才会有回头客。原料和工艺会使菜肴呈现不一样的效果，但是选用新鲜优质的食材仍是"王道"。在光明邨大酒家，菜肴点心里用的蟹粉全部是用新鲜的蟹当天蒸熟拆卸的，所有用肉都是在店里完成分割、加工。而香酥鲫鱼、熏鱼用的鱼也都是新鲜的，保证了食材的品质。

好食材还需匠心工艺，要让每道菜都烧得好吃，客人每次来吃到的口味都一样，还需有标准化的工艺流程。例如酱鸭，从进货到清洗、加工、成品，都有标准要求，一锅16个酱鸭要经过4道工序，投放固定的调料，烧煮45分钟，保证每锅烧出来的酱鸭口味相同。光明邨大酒家每个厨师、点心师都有自己的工种并负责对应的产品，专注做好这些菜品是各自岗位的首要职责。

此外，要把本帮经典菜肴做成酒家特色，让顾客吃了"上瘾"，不是单有愿望就能做到的，首先要解决厨房怕麻烦的问题，其次要规范菜肴烹饪。一道菜有多一道工序厨师就要多洗一次锅，多热一次油。原先光明邨大酒家的红烧肉几天烧一次，分装后放进冰箱保存，顾客点菜时加热即可上桌，后来为了提升品质，红烧肉改为当天加工，精心配制调味，当天售完。一段时间后，其红烧肉点单量连续上升，甚至需要"每市加工"，红烧肉俨然成了光明邨大酒家的招牌特色菜肴之

---

[①] "邨"是"村"的异体字，读音为 cūn。

一。现在厨师们对红烧肉的理解是:"肉要烧得酥但不能皮肉分离;颜色要有酱色黑中带红的感觉;汤汁的凝度要到位;味道要甜中带咸、咸中带鲜。"

鲜肉月饼是光明邨大酒家的头牌网红产品,这款月饼选料讲究品质,坚持当天生产当天售罄,月饼口感特别新鲜地道。即使在最为繁忙的中秋旺季,光明邨依旧坚持现制现售,其鲜肉月饼成为沪上鲜肉月饼"排队王"。

**紧跟市场创新、诚信服务兴商**

"光明邨"每年都要组织厨师培训和考试,帮助厨师掌握岗位技术。每年创新菜研发活动也都有新的收获,例如:研发的新菜芥末虾球伴以水晶虾仁成为双味虾仁,特别受年轻人和外籍顾客喜爱;还有厨师把小馄饨做成超大个头,配以母鸡肉骨熬制的鲜汤,让顾客吃一次就记住了小馄饨的鲜美特色;天鹅酥的天鹅外形栩栩如生,做工精致,里面则是鲜香味美的菌菇馅儿;荠菜麻球咸中带甜,是一道上海海派特色点心;而火腿芝士黑松露球也因其新颖的食材和复合的口味受到越来越多顾客的追捧。

"光明邨"格外重视食品原材料的安全保障。公司明确规定,所有原料供应商报价时,必须先标明该原料的产地,并提供一系列有效的证明,然后才能参与竞争。所有原料进店必须有两名验收人员同时在场验收。每天早晨在门外排队的顾客都可以看到原材料进店的送货场面,这无形中给顾客吃下了一颗"定心丸",增强了顾客对原材料品质的信任。

光明邨大酒家始终把"精益求精、品质至上"作为第一原则,比如杜绝色素类添加剂,以货真价实取胜,把诚信经营落到实处。直到现在,光明邨大酒家仍然每天都坚持抽查月饼,坚决不让不合格食品流入市场,一旦发现问题,立即有管理人员进行处理。

2023年,上海光明村实业有限公司的《诚信"老品牌"铸就最美风景线》入选全国"诚信兴商"典型案例名单,这也是上海入选的唯一一家商业企业典型案例。

(改写自《诚信兴商典型案例:老字号新网红 在守与变中传承——光明邨大酒家》,上海市商务委员会官网)

第 7 单元　诚信兴商

## 练习　理解与思考

1. 光明邨大酒家的工匠精神体现在哪些细节上？
   _____
   _____

2. 光明邨大酒家是如何把控原材料品质的？
   _____
   _____

3. 你认为餐饮企业的诚信可以体现在哪些方面？
   _____
   _____

## 任务　跨文化实践

### 情景与角色

假设你和你的同学在一家中国企业工作，"诚信"是这家企业的重要经营理念。你们负责新员工的培训活动，近期要举办一个以"诚信兴商"为主题的讲座，深化新员工对企业文化的了解和认同。

**任务说明**

根据领导和新员工的要求，准备这个讲座。

人事部经理：你们的讲座是不是可以结合中国商业史上的商帮文化，让这些来自中国各地的新员工更容易理解和接受我们的经营理念？你们可以从历史上比较有名的十大商帮中选择一两个作为例子。
1. 晋商　　2. 徽商　　3. 陕西商帮　　4. 宁波商帮
5. 龙游商帮　6. 广东商帮　7. 福建商帮　8. 山东商帮
9. 洞庭商帮　10. 江右商帮

CEO①：要通过这个讲座，展现出你们对企业诚信精神的理解，帮助新员工理解为什么现代企业仍然在强调"诚信"。

新员工：请用讲故事或者表演故事的方式，帮助我们更好地理解企业文化，并得到更多的感悟和启发。要是有互动的环节或活动，那就更好了。

**任务要求**

1. 内容符合各方要求。
2. 各组提到的故事尽量避免重复。
3. 发言时长 15～20 分钟。

---

① CEO：首席执行官（英文 chief executive officer 的缩写）。

# 第 8 单元 "关系营销"在中国

## 学习目标

1. 了解"关系营销"理论。
2. 了解"关系营销"在商务活动中的作用。
3. 理解基于中国文化的"关系营销"。

**热身　步入商界**

**某健身房连锁品牌最近推出了一系列营销活动。请讨论：**
- 这几个营销活动所针对的人群有哪些，营销目的是什么？
- 为了增进与新老客户的联系，还可以分别推出哪些活动？

**活动一　小小拳击手**
- 一年以上的老客户可以带孩子免费体验儿童拳击课程五次。
- 如果体验后报名该课程，可以享受八折优惠。

**活动二　健身+社交**
- 打造公司的健身社交APP，客户可以加入健身小组，找到健身伙伴。

**活动三　健身讲座"愉+"**
- 重阳节在郊区山顶的酒店举办以"愉+"为主题的健身讲座。
- 邀请国际知名瑜伽教练分享"快乐+瑜伽"的理念。
- 企业客户和VIP客户可以免费参加。

**活动四　做您的健身管家**
- 全国运动会期间签约的客户，可以免费入会健身一年。
- 客户如果有一个星期没按自己的计划健身，就需要付一个月的健身费。

## 商业知识

**关系营销**（Relationship Marketing）

企业的生存、经营、发展离不开自己所处的市场环境、产业环境、地区环境，所以企业必须注意大环境里的各种关系，包括企业与客户的关系、企业与上游企业的关系、企业内部关系，以及企业与竞争者、社会组织、政府之间的关系。

关系营销所关心的问题正是如何与这些利益相关者建立、维护、促进、改善、调整"关系"。其中，最核心的部分就是建立、维持和增强企业与客户之间的经济关系和社会关系。要做到这一点，企业通常需要向客户承诺并提供优惠的产品、良好的服务及合适的价格。

## 本单元重点　知识充电

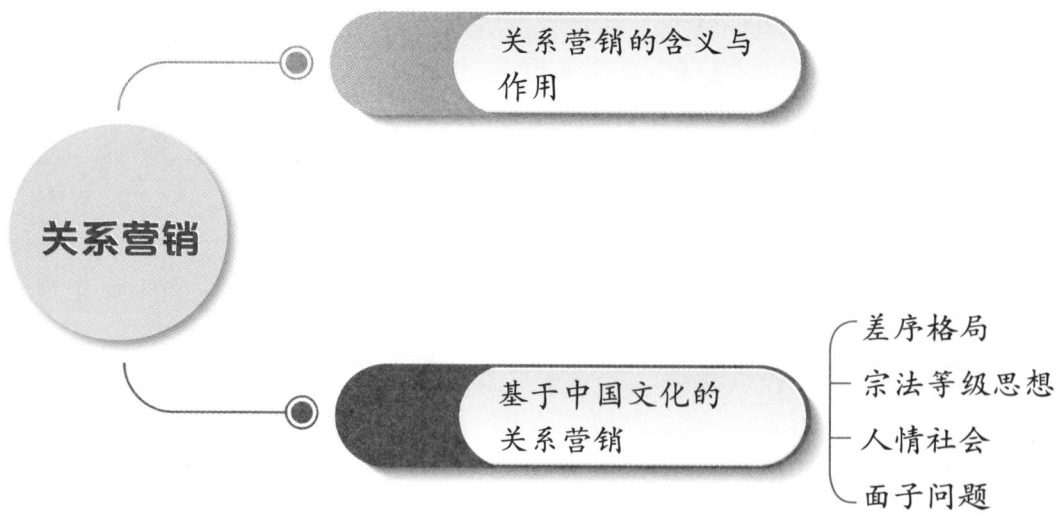

### 差序格局

费孝通先生认为，中国传统社会结构像是水面上的波纹，以自我为中心，形成以血缘和地缘关系为基础的有亲疏远近之别的社会关系,能够根据中心势力的变化而伸张或收缩。

## 案例思考 课堂讨论

**1. 根据下面这个案例,分析渔具店老板为何会获得成功。**

赵先生是一个垂钓爱好者,他在北京德胜门附近开了一家小小的渔具店。刚开始经营的时候,小店的生意十分冷清,为了吸引垂钓爱好者,他买了许多有关垂钓的杂志,供顾客翻阅。慢慢地,来他店里的顾客多了起来,在这里垂钓爱好者不仅可以买到称心的渔具,还可以和其他顾客交流垂钓心得。由于来这里的人都有着共同的爱好,赵先生的朋友也越来越多,顾客都逐渐成了老熟人。

回头客多了,小店的生意也好了起来。在节假日的时候,赵先生还帮助渔具厂家组织垂钓爱好者举行钓鱼比赛。垂钓比赛不仅给赵先生带来了更多的顾客,更让他赢得了渔具厂家的信任,从而帮他拿到了国内几乎所有知名渔具品牌在北方的代理权。他在北方最大的渔具城里也有了自己的店,主要从事批发业务,生意越做越红火。

**2. "人情是把双刃剑",关于下面这个故事,你如何理解?**

小王开了家饭店,这家饭店在开业第二年遇到了资金困难,他的亲朋好友纷纷伸出援助之手,帮他渡过了难关,还帮他做了不少宣传。当这些亲朋好友来店消费时,为了表示感谢,小王常常给予优惠甚至免单。后来,这些亲朋好友来光顾的次数越来越多,因为小王不好意思开口拒绝,反而使小饭店走到了入不敷出的境地。

**思考** 作为一家饭店的老板,如果希望跟顾客保持良好的关系,可以采取哪些办法?

## 课文 资料研读

# 中国传统文化与西方关系营销

"关系营销"是1983年由贝瑞（L. Berry）在一篇关于服务营销的会议论文中首先提出的，他认为，关系营销就是提供多种服务的企业吸引、维持和促进顾客关系。随着这一概念的提出，西方不少学者开始潜心研究关系营销理论，并取得了丰硕的成果。

中国传统文化浩如烟海。秦汉时期，基本上确立了以儒家思想为主导的汉民族文化，儒家文化成为中国传统文化的主流。可以说，以儒家文化为代表的中国传统文化为关系营销的发展提供了很好的文化基础，主要表现在以下几方面。

## 一、亲缘关系对关系营销的影响

孔子学说把中国社会中复杂的人际关系归结为血缘关系，并且把朋友、君臣等非血缘关系也加以拟血缘化。这种模式一直沿传至今，中国人在现实中进行人际交往并形成一定的关系正是这种亲缘关系的外推。

费孝通在《乡土中国》中提出"差序格局"，他认为中国社会关系是按照亲疏远近的差序原则来构建的，在差序格局中，社会关系是逐渐从一个人一个人推出去的，是私人联系的增加，社会范围是一根根私人联系所构成的网络。在相互联系中，一般关系越是靠近亲缘的核心，越容易被人们接纳，也就越容易形成合作或亲密的关系；越是远离亲缘的核心，就越容易被人们排斥，就会形成疏淡的关系。这样，中国人就存在一种特殊性的"私德"，在行为上表现为内外有别，对圈内人讲情谊、尽义务；对有可能成为或希望其成为圈内人的圈外人，也会施以人情；对无关的圈外人则循礼而讲利。所以，基于此种文化规范，中国的商家们通常在相同的条件下不愿与陌生人做生意，认为陌生人没有圈内人可靠和值得信任。因此，在推行关系营销时最好是能找到合适的中间人来介绍和联系生意的双方。

## 二、儒家文化中的宗法等级思想和礼制对关系营销的影响

儒家文化确立的宗法等级思想和礼制影响了中国几千年。按照该学说，人们必须遵从"礼"的行为规范，在思想上树立严格的心理位差。在这种环境中，等级制度在中国企业内部就得到了很好的保护。所以，中国企业的决策制定依然是

从上到下的。在与中国商家建立关系的时候，应尽可能地与高层打交道，因为决定关系好坏的决策权很大程度上掌握在高层手中。这一点对于关系的建立、维护和发展非常重要。当然，以秘书和助理身份出现的"守门员"在一定程度上也能影响高层的决策，他们的作用也不可小觑。

### 三、传统文化塑造出的人情社会对关系营销的影响

中国人的"人情"是建立在儒家文化的亲缘关系和由之外推的拟亲缘关系基础之上的。现代人注重人情，自然是古代文化传统的遗风，但更是现代社会生活的需要。从某种程度上说，中国人在处理问题时会较多地考虑感情因素。

由于感情成分的介入，中国人的人情交往一般采用非等价交换原则，即一方希望在交往中由于人情的付出而获得更大的回报，但当获得预期回报时，又觉得对方的回报多于自己的付出，感觉反而又欠了对方的人情，于是又要把多得的人情还回去，这样循环反复，往往不可能"平账"。这种人情现象是基于中国人的"不欠"和"回报"心理而产生的。因此，中国的人情既是一种情感，也是一种维持彼此关系的资源，是连接相互关系的纽带。贸易双方的交易，可能不是等价交换，而是在一方让利给另一方的条件下成交的。这种让利从某种程度上讲也就是送人情给对方，对方接受了此人情，将来在贸易中必然会以其他形式回报回来。所以，在和中国商家或顾客做生意时，有时要巧妙地运用人情的给予和取得，来维持交易双方的长期关系。另外，中国生意场上的人情不仅仅指利润的让渡和价格的折扣等物质方面的互换，还指通过与贸易方的高层或直接接触的顾客进行感情交流，从而使对方感受到人情的存在，这有助于关系营销的顺利展开。

### 四、中国人的面子问题对关系营销的影响

在中国，"面子"这个词从诞生起就有非比寻常的意义，以至于很多人无法不重视它的存在。从古至今，它具体地调整着中国人相互关系的方向和程度。"面子"是中国人际交往中的一门大学问，交往双方爱面子的程度、给不给面子或面子是否给足往往是相互关系和谐与否的重要条件。这种心理也许是中国传统文化中维护祖宗这一心态（不给祖宗和家人丢脸）的外显和追求理想人格的具体体现。正是由于中国的文化传统塑造了中国人爱面子的心理，所以中国人往往以对方给不给自己面子、给自己多少面子来判定对方对自己的接纳程度，并对彼此的关系进行评价。

鉴于中国人面子问题的存在，商家在具体运用关系营销时应对两个方面加以注意：一方面，不要忽略了品牌和商标给要面子的顾客所带来的安全感和身份象征，任何时候也不要忘了对品牌、商标和企业形象进行投资，以使老顾客在消费产品或服务时能够有面子；另一方面，在与生意伙伴打交道时，要尽量为他们留面子，给不给面子直接影响到生意伙伴的满意程度，而生意伙伴的不满意可能是导致合作关系中断的重要原因。生意场上打交道的目的和期望值等各不相同，处理好彼此的面子问题可以增进和改善生意双方之间的关系，而面子的核心就是尊重，所以要想和生意伙伴保持长久的信任关系，就应在生意往来中尊重对方。

（改写自《我国传统文化对西方关系营销的影响》，曾庆春、周梅华，《现代管理科学》，2004年第2期）

## 练习　理解与思考

1. 中国商家区别对待圈内人与圈外人的深层文化原因是什么？

2. 请用实例说明人情在商务活动中的作用。

3. 根据课文及提示，完成下面的表格。

| 中国传统文化的影响 | 做法 |
| --- | --- |
| 亲缘关系　差序格局 | 找到合适的中间人来介绍和联系生意的双方 |
| 儒家文化中的宗法等级思想和礼制 |  |
| 传统文化塑造出的人情社会 |  |
| 面子问题 |  |

# 第8单元 "关系营销"在中国

## 任务 跨文化实践

### 情景与角色

假设你在一家国际航空公司担任大客户经理。

你所在的公司是世界上最大的航空公司之一,主要经营航空客运业务,航线覆盖世界各地。

你所在的部门为大客户部门,专门为集团客户提供尊贵贴心的服务,节省差旅成本,设计、定制特色服务。你们公司已签约的客户均为中国知名企业。

### 任务说明

你们部门负责制订维护客户关系的行动计划。

CEO

- 公司进入中国市场的时间不长,很高兴看到你们部门已经开发了很多大客户关系,可是在核心服务之外,公司跟客户的来往和互动还不够,除了业务联系就只有元旦时向客户发送过电子贺卡。希望你们拿出改进方案。
- 时间:未来12个月内。
- 联系、互动等活动的时间、方式要符合中国文化习俗,要让客户觉得舒服自然。
- 地点、空间不限,形式最好丰富些,可以是针对一家客户的活动,也可以是所有客户都参加的活动。

**任务要求**

1. 计划符合公司的要求，活动不少于5场。
2. 内容包括活动的目的、时间、地点和具体行动。
3. 向CEO（你的老师）展示并介绍行动计划，时间不超过10分钟。